INHALT

W0196381

Für alle Eltern:
Nehmt es nicht persönlich, dass wir Kinder
so gerne immer die Schuld bei euch
suchen. Wir wissen es nicht besser.

Für alle Kinder:
Nehmt es nicht persönlich, dass eure
Eltern bei euch so viel falsch gemacht
haben. Sie wussten es nicht besser.

VOR DER
ERLEUCHTUNG
AUF EIN WORT

Uuuuuuuh, Erleuchtung … Noch so ein Eso-Ratgeber auf dem eh schon völlig übersättigten Markt der »Ich weiß genau, wo es für dich langgeht«-Literatur?

Nö.

Ja.

Also, ja, ich möchte mit diesem Buch gerne dazu beitragen, dass du Erleuchtung erfährst. Allerdings weniger in einem transzendent-medialen Sinne, sondern vielmehr in der Art, dass dir ein paar Lampen (mehr) aufgehen, was dich und dein bisheriges heilloses Handeln, dein für dich schadhaftes Scheitern und deine unendliche Unzufriedenheit angeht. Und dafür habe ich mir ein ziemlich ehrgeiziges Ziel gesetzt. Ich möchte mit diesem Buch für dich nichts Geringeres erreichen, als dass du dich mit einem völlig unterschätzen Teil deines Unter-, ja, sogar Unbewussten auseinandersetzt – und zwar ohne dass das hart, schwer oder anklagend wird. Sondern: erhellend. Und sogar ein bisschen unterhaltsam. Ich werde dir zeigen, wie du dich – meist ohne dass du es mitbekommst – an deinen Mitmenschen rächen willst. Ganz genau, du hast richtig gelesen: Du rächst dich. Und zwar auf teils so perfide Art und Weise, dass du mir erst einmal nicht glauben würdest. Denn in deinem Bewusstsein bist du ganz sicher nicht die Königin oder der König der Rache, ach, i wo!

Tja ...

Ich kann dir nur sagen: Das hätte ich auch von mir behauptet. Bevor ich während einer zehntägigen Meditation mit dieser dunklen Seite in mir konfrontiert wurde (also in meinem Inneren), hätte ich mich niemals, niemals selber als rachsüchtig gesehen. Komm, ich! Niemals! Never ever! Ich, die Harmonie und Frieden liebt! Nein, nein, nicht mal schadenfroh war ich, ganz sicher. Höchstens bei denen, die es verdienen. Du verstehst. Bis ich eben mir selbst in meinem Inneren gegenüberstand und ganz schön mit den Ohren schlackerte. Holla die Rachefee, sag ich da nur!

Das echt, echt Gute ist: Wenn man erst einmal erkennt, was man tut und wieso, dann kann man sein Verhalten ändern. Vorher ist man wie eine Marionette, die durch die Fäden des Unter- und Unbewussten gelenkt wird. Und die dabei glaubt, sie würde selbst über ihr Leben, ihr Denken und ihr Verhalten bestimmen. Wir Menschen lassen uns da ständig an der Nase herumführen. Doch der wache Geist, der ist eben nicht so leicht auszutricksen. Es ist der achtsame, beobachtende Teil, der irgendwann merkt, dass man eben nicht freiwillig den Arm gehoben hat, sondern dass man an einer Schnur hängend dazu gezwungen wurde. Dann erst kann man zur Schublade gehen, die Schere rausholen und sagen: »Und tschüss, Fremdbestimmung! Hallo, Leben!«

Nichts erforsche ich lieber als mein Innerstes. Um in der Lage zu sein, mehr und mehr Liebe zu empfinden, für mich, für dich und für alles, was ist. Einmal mehr möchte ich dich an dieser spannenden Entdeckungsreise teilhaben lassen. Der Mensch, ein Faszinosum. Ich werde dir von eigenen Erfahrungen wie auch von Fällen aus meiner Coachingpraxis mit anderen Menschen berichten. Du wirst lesen können, wie wir uns manchmal mit beiden Beinen dagegenstemmen, um ja nicht in unser Glück zu laufen. Du wirst durch das Lesen dieses Buches eigene Wesenszüge an dir erkennen, den Kopf schütteln und sagen: »Ach herrje, was hab ich denn da jahrelang getrieben?«, um dann lächelnd einfach damit aufzuhören. Ja, so mächtig bist du. Und die Belohnung ist einzigartig. Denn die Belohnung am Schluss: bist du selbst. Du wirst am Ende aller Maskerade dir selbst begegnen, und das, da bin ich mir absolut sicher, ist immer schön – egal, was dein Ego und seine Untergesellen dir auch anderes einreden wollen. Du bist einfach wunderbar! Erkenne das, indem du beginnst, dich erst über dich selbst zu wundern, dich durch Erleuchtungen kleinerer und größerer Art zu verändern und indem du schlussendlich selbst zu dem Wunder wirst, das du schon immer warst und bist.

Willkommen in der wundersamen Welt der Rache! Willkommen in den wunderbaren Welten, die dahinter liegen: Frieden, Freiheit und Glückseligkeit. (Öh, und Wohlstand, Gesundheit, Zufriedenheit und noch so ein paar. All das großartige Zeug aufzulisten, würde jetzt zu lange dauern, sorry.)

Warum dieses Buch dein Leben von Grund auf verändern kann

Ja, wie liebe ich das! Großmundige Versprechungen, mit denen fetter Reibach gemacht wird! Ich weiß ja nicht, wie es dir dabei geht. Aber ich kriege meistens einen Vogel, wenn Bücher bzw. deren Autoren einem diese Versprechungen aufdringlich aufdrängen.

In diesem Fall aber kann ich nicht anders. Denn ich glaube wirklich, dass dieses Buch das Potenzial dazu hat, dein Leben zu verändern. Na ja, ok, das traue ich einigen meiner Bücher zu. »Meine 26 Egos und ich« ist so eines. Oder auch »Verändere dein Leben!«. Gut, ich gebe es zu: Die Bücher selber können das nicht. Vom Lesen alleine gehen für die Leute meist nicht Tür und Tor auf. Wer aber den gedruckten schlauen Worten selber Taten folgen lässt, angeregt durch solche Bücher, der weiß, wovon ich spreche. Also will ich es mal etwas genauer formulieren:

Dieses Buch kann dir dabei helfen, dein Leben von Grund auf zu verändern. Und zwar zum für dich Besseren hin.

Außerdem steckt noch eine zweite Bedeutung hinter diesen Worten. Denn der Satz beinhaltet »von Grund auf«. Das ist wörtlich zu nehmen. Denk nur mal an das Bild mit dem Eisberg, das in unseren Köpfen als Metapher weitreichend Einzug gehalten hat. Das, was wir sehen, entspricht unserem Bewusstsein. Wenn du dir aber mal vergegenwärtigst, dass ca. 90 Prozent (!) des Eisberges dort liegen, wo wir sie nicht sehen können, nämlich unter Wasser, bekommst du in etwa eine Vorstellung davon, wie das mit den Dingen ist, die in unserem Unter- und Unbewussten so vor sich hinschlummern. Wer da nie hinschaut, der träumt nur von einem selbstbestimmten Leben nach Lust und eigener Laune. Denn um diesen Traum auf Erden, den wir Realität nennen, selbst mitgestalten zu können, braucht es das Hinsehen, das Erkennen und das bewusste Eingreifen. So wie es Menschen ja auch gelingt, nachts das zu träumen, was sie träumen möchten. Allerdings nicht, indem sie nur jammern, dass sie immer so schlechte Träume hätten. Sondern indem sie lernen, sich selbst neu und willentlich zu programmieren.

Gehen wir also mit diesem Buch der Rache mal auf den Grund. Und du wirst sehen: Wenn du dich der unterhaltsam-informativen Lektüre über dieses wundersame Ding namens Rache hingibst und daraus für dich was machst, dann wirst du später wirklich sagen: »Dieses Buch hat mein Leben total verändert!« Ich wünsche es dir in jedem Fall.

Wie der Volksmund schrecklich irrt

Ich weiß ja nicht, ob du auch so eine wandelnde Sprichwörtersammlung in deiner Familie hattest. Was mich angeht, so kenne ich vermutlich so ziemlich jede Redensart, die im Hochdeutschen wie auch im Bayerischen durch die Köpfe des 20. Jahrhunderts wanderte.

Besonders amüsiert habe ich mich schon als Kind darüber, wie wunderbar diese Floskeln (getarnt als Lebensweisheiten) bei jeder nur erdenklichen Gelegenheit aus dem Nähkästchen oder sonst wo hergezaubert werden, um eine Situation fachmännisch zu beleuchten. »Tja, Gleich und Gleich gesellt sich eben gern«, hieß es am Dienstag über zwei aus dem Dorf, die die gleichen Hobbys hatten und knutschend am Tennisplatz erwischt worden waren. Am Donnerstag dann wurde die Liaison eines Paares, das unterschiedlicher nicht hätte sein können, kommentiert mit: »Gegensätze ziehen sich an!« Ich fand es schon damals irre praktisch, dass man jede nur erdenkliche Wahrheit dank dieser Redensarten als fundiert verkünden konnte. Denn wie wir alle wissen, hat der Volksmund ja recht. Gut, der Volksmund hat auch mal eine Zeit lang die Indoktrination verkündet: »Führer befiehl, wir folgen dir!«, und man hielt das für eine sehr treffende und sinnvolle Äußerung. Das oben stehende Beispiel (eines von vielen, echt vielen) zeigt auch, dass man Floskeln und Co zwar gerne benutzen kann, man aber dann und wann vielleicht doch auch seinen gesunden Menschenverstand zurate ziehen sollte, bevor man sie ungefiltert in den Äther hinausbläst. (Ich bin meiner wandelnden Sprichwörtersammlung aber sehr dankbar für die Schulung! Bei Quizfragen rund um Sprichwörter bin ich bis heute die ungeschlagene Königin!)

Was Rache angeht, so muss man nicht tief in der Redensartenkiste wühlen. Wenn ich jetzt hier schreibe:

RACHE IST …

… so wirst du unschwer den Satz vervollständigen können. Das wäre bei Günther Jauch wohl gerade mal 50 Euro wert. Rache ist natürlich süß, das weiß man doch. Womit wir bei einem der Kernprobleme der Rache wären.

Rache ist in Wahrheit nämlich nicht süß. Sie ist sogar ätzbitter (nein, du brauchst kein Lexikon, das Wort habe ich eben erst erfunden). Genau genommen ist sie so bitter, dass Löwenzahn, Schafgarbe und selbst Bitterstern einpacken können. Andererseits stehen diese bitteren Artgenossen eben doch nicht in Konkurrenz mit der Rache. Denn im Gegensatz zu den genannten Pflanzen unterstützt sie die Leberfunktion nicht – im Gegenteil. Wem eine Laus über die Leber läuft, sodass er Rachegelüste für die ihm angetane Schmähung hegt, der schadet seinem Organ damit nur. Insofern ist Rache ja vielleicht doch süß – denn Süßes macht den Körper sauer. Und damit krank.

So weit hat der Schöpfer dieses Bonmots aber wohl nicht gedacht. Vielmehr hat er sich an einem Sekundärgewinn der Rache erfreut, auf den wir später noch genauer eingehen werden. Denn so bitter Rache auch für denjenigen ist, der sie hegt und pflegt, als wäre sie das letzte schützenswerte Alpenveilchen auf Gottes weiter Erde: Er liebt sie! Weil sie ihm süß vorkommt. Rache gaukelt einem Genugtuung vor. Diebische Freude. Satisfaktion. Allesamt irgendwie nicht so gesundheitsförderliche Dinge, was den rachegetränkten Geist aber nicht interessiert. Denn wer sich rächt, fühlt sich stark, überlegen und befriedigt. Scheinbar. Und genau darum geht es hier: Diese scheinbare Glückseligmachung zu entlarven und einen Weg aufzuzeigen, wie eine wahrhaftige aus ihr werden kann.

Wir halten fest:

 Rache ist nicht süß. Außer, man steht auf Karies, Leberschäden, einen löchrigen Darm und pure Energieverschwendung durch lebenslange Kämpfe. Dann schon.

Ferner möchte ich darauf hinweisen, dass es schon so manchen Zeitgenossen gab, der, erfüllt von Gefühlen der Rache, ausrief: »Nur über meine Leiche!«, und das sehr wörtlich nahm. Man kann natürlich so jemanden nach seinem Ableben nicht fragen, ob er, so als Toter im Rückblick, nicht vielleicht doch lieber dem anderen vergeben hätte, anstatt sich von innen davon auffressen zu lassen. Aber des Menschen Wille ist sein Weg.

Wer gerne wohlbekannte Worte von sich gibt, dem möchte ich an dieser Stelle die folgenden Worte frei nach Buddha himself, aka Siddhartha Gautama, empfehlen:

 »An Rache festzuhalten ist, wie wenn du ein glühendes Stück Kohle festhältst in der Absicht, es nach jemandem zu werfen. Derjenige, der sich dabei verbrennt, bist du selbst.«

ZUR **ERLEUCHTUNG** BITTE HIER LANG!

Rache hat viele Gesichter

Wer nun glaubt, dass Rache leicht zu identifizieren wäre, der täuscht sich gewaltig. Vermutlich bist du diesbezüglich in deiner Vorstellungskraft ein wenig eingeschränkt, da du dank Hollywood & Co nur irgendwelche Schurkengesichter oder dämonische Weibsbilder vor deinem inneren Auge hast, die mit stark verengten Augen und zusammengepressten Lippen Rache schwören, dabei die Hand zur Faust ballen und gen Himmel strecken. Ja, so kann das aussehen. Dann würdest du dich sehr leicht damit tun, dir bewusst zu machen, wie du dich selber damit blockierst. Denn mal ehrlich: Fühlt sich das gut an? Mach doch mal den Test! Denk an eine Person, die es angeblich wirklich übel mit dir gemeint hat im Leben. Nimm genau diese Haltung ein: Augen verengen (Du musst das jetzt wirklich machen, nicht nur dir vorstellen!), Lippen zusammenpressen, geballte Faust gen Himmel und schön in dir die Rachegelüste brodeln lassen.

Damit hätten wir recht rasch die Antwort: Nein, das fühlt sich gar nicht gut an. Freude, Glück, Liebe, Erfolg – sie haben immer etwas mit Weitung zu tun, mit Ausdehnung und Öffnung. Bei dieser Haltung machst du das Gegenteil, und das kann man auch spüren.

Das ist ein guter Zeitpunkt, um die Buddha-Botschaft von vorhin noch mal deutlich zu machen:

 Rache richtet sich in erster Linie gegen dich selbst.

Man könnte es auch so formulieren: Du trinkst ein Fläschchen Gift in der Hoffnung, dass der andere dadurch stirbt. Wieso das Bild so passend ist? Weil DEIN Körper übersäuert und vergiftet wird, während du Rachegedanken hegst! Weil sich DEIN Körper verengt, verkniffen ist, und weil DU dich ganz entsetzlich fühlst in diesem Augenblick! Es geht nicht! Man kann sich nicht Rache wünschen und im gleichen Moment glücklich sein. Das Gesetz der Natur besagt: Das schließt einander aus. End of story.

Wenn du einen anderen bestrafen willst, bestrafst du dich selbst. Was das in der Praxis wirklich bedeutet, wollen wir uns nun einmal näher ansehen.

DIE VERSCHIEDENEN FORMEN DER RACHE

»Das geschieht ihm recht!« – Schadenfreude als Rache

Weißt du, woran du untrüglich erkennst, dass du schadenfroh bist?

Ganz einfach: Du traust dich nicht, etwas zu wagen, aus Angst, andere könnten dann schadenfroh reagieren.

So. Damit hätten wir eine der wichtigsten Botschaften mal wieder erfasst:

 Das Urteil anderer über dich, das du fürchtest, hast du längst über andere gefällt.

Machen wir das alles mal an einem Beispiel aus der Praxis deutlich:

Sonja plant schon lange, sich selbstständig zu machen. Tagsüber, wenn sie gelangweilt im Büro ihren Dienst verrichtet, sieht sie sich im eigenen Büro mit eigenen Mitarbeitern sitzen. Bei ihr sind das nicht nur diffuse Träumereien. Vielmehr hat sie daheim schon einen fast fertigen Businessplan in ihrer Schublade liegen (zweites Fach von oben) und hat auch schon mit einem Existenzgründer mehrere Vorgespräche geführt.

Den Gang zur Bank scheut sie, ebenso hat sie Hemmungen, mit ihren Freunden, geschweige denn mit ihren Kollegen im Büro über ihre Pläne zu sprechen. Nun mag es ratsam sein, solche Pläne eine Weile für sich selbst zu behalten. In Sonjas Fall aber geht es nicht um voreiliges Ausplaudern, sondern um etwas ganz anderes.

»Wenn ich den anderen davon erzähle, und es klappt dann nicht, kann ich mir jetzt schon vorstellen, wie Anja und Holger sich ins Fäustchen lachen. Und Holgers Bruder bestimmt auch. Die warten doch alle nur darauf, dass ich einen Fehler mache! Nein, diese Freude gönne ich ihnen nicht!« So saß Sonja bei mir auf dem Stuhl und bat um Rat. Sie wollte endlich die Blockaden gelöst wissen, die sie davon abhielten, erfolgreich durchzustarten. Oder überhaupt erst einmal anzufangen. Schon der Kontakt mit dem Existenzgründungsberater hatte sie enorme Überwindung gekostet, weil der ja jemanden kennen könnte, den sie auch kennt, und dann hätten, schwupps, alle Freunde und Bekannten davon erfahren, einschließlich ihr jetziges Büro. So zumindest malte Sonja das sich in ihrem Kopf aus. Natürlich ging es in dem Gespräch auch um ihre hinderlichen Glaubenssätze wie etwa ihre eigene Annahme, dass das Vorhaben schief gehen könnte. (Sie glaubte nicht genug an sich.) Vorrangig aber zeigte sich ihre Angst vor Schadenfreude.

»Dann nehmen wir doch einmal an, du schaffst es. Gehen wir einfach davon aus, du setzt deine Pläne in die Tat um, und du startest bereits im ersten Jahr raketenmäßig durch. Können wir für einen Moment einmal davon ausgehen?«, wollte ich von Sonja wissen.

»Ja, sehr gerne!«, antwortete sie und strahlte bei dem Gedanken.

»Gut. Wie sähen denn wohl die Gesichter von Anja und Holger und dessen Bruder und all deiner Bürokollegen aus, wenn du nach einem Jahr eine neue Adresse bekannt geben würdest (Penthouse in bester Lage, Privateigentum), und zwar, indem du mit deinem neuen Traumauto vorfährst und ihnen davon erzählst?«

In Sonjas Gesicht breitete sich eine Mimik aus, die Bände sprach. Sie hob mit einem Mal ihr Kinn leicht an, ihre Lippen formten ein zufriedenes Lächeln, die Augen verengten sich leicht zu Schlitzen. »Die würden ganz schön blöd aus der Wäsche schauen.« Das Grinsen wurde breiter.

»Ist das nicht ein schöner Gedanke, es ihnen bewiesen zu haben? Dass sie alle damit unrecht hatten, dich zu unterschätzen und dir nichts zuzutrauen?«

»Absolut«, pflichtete sie mir immer noch grinsend bei.

»Und wie fühlt sich das an, es ihnen allen gezeigt zu haben?«, wollte ich weiter wissen.

»Großartig! Ich fühle mich irgendwie … zehn Zentimeter größer!«

»Was würdest du ihnen denn am liebsten sagen?«

»Dass es die gerechte Strafe ist, dass ich das alles habe und sie nicht, weil sie jahrelang nie an mich geglaubt und nur über mich gelästert haben!«

Und Sonja fürchtete sich vor der Schadenfreude anderer.

Es gibt so etwas wie unseren inneren Richter. Er sitzt an seinem hohen, sehr hohen Richterpult, sodass man sein Gesicht fast gar nicht mehr sehen kann. Dort oben thront er, genau wissend, was Recht und was Unrecht ist. Mit Kälte und Härte urteilt er über alles und jeden – und am meisten über uns selbst. Weil es sehr schmerzhaft ist, seine eigenen Schattenseiten zu erkennen und zu merken, was für ein schlechter Mensch man ist (nach der Wertung des inneren Richters), verdrängen wir lieber diese »Wahrheiten« über uns selbst, indem wir sie nach außen projizieren, auf andere. In diesem Beispiel sieht das im Inneren etwa so aus:

Urteil Nummer 1: Schadenfreude ist etwas Böses, Schlechtes. Das tut man nicht.

Urteil Nummer 2: Ich selber erkenne mich manchmal als schadenfroh. Darum bin ich infolge von Urteil Nummer 1 ein schlechter und böser Mensch. Sich selbst als böse und schlecht zu erkennen, macht sehr unglücklich, weil wir davon ausgehen, dass böse und schlechte Menschen nicht geliebt werden (heißt: ICH liebe böse und schlechte Menschen nicht). Darum verdrängen wir das alles lieber und suchen uns im Außen Menschen, die wir AN UNSERER STATT für genau das verurteilen können. Zum Glück finden wir auch jemanden und fällen so …

Urteil Nummer 3: »DU bist ein schlechter und böser Mensch!« Ich kann aufatmen, denn ich bin ja nicht dieser böse und schlechte Mensch, wodurch ich mich höher und besser fühlen kann. Wir genießen im Grunde die Anwesenheit böser und schlechter Menschen, weil wir uns so als gut erkennen können. (»Ich bin doch nicht wie der da!«)

Das ist vereinfacht dargestellt, trifft aber den Kern. In diesem Zusammenhang fallen mir die berühmten Worte von Jesus Christus aus der Bibel ein, als er zu den Menschen sagte: »Wer unter euch ohne Sünde ist, der werfe den ersten Stein!« (Johannes 8,7). Er tat dies, weil er genau wusste, dass kein einziger Stein geworfen werden würde. Unmöglich. Oder aber man dreht noch mal etwas an der Perspektive und stellt fest: Im Grunde sind wir alle ohne »Sünde«. Das sehen wir, wenn es uns erst einmal gelingt, den inneren Richter zu erkennen und ihm seine Amtsbefugnis zu entziehen. Denn glückliche Menschen haben null Interesse daran, andere leiden zu sehen. Sie wollen niemanden steinigen, kreuzigen oder auch nur auslachen. Sie sind selber froh und haben Freude daran, andere dabei zu unterstützen, es auch zu werden. Entthront man den inneren Richter, so führt an dessen Stelle ganz automatisch ein gütiger, mitfühlender und freundlicher Herrscher das Zepter, der nur eines im Sinn hat: das Wohl seiner Untertanen. Darum sorgt er auch gut für sich selbst, damit er lange und mit Freude dieses Amt ausführen kann.

Woher kommt sie denn aber nun überhaupt, Sonjas Schadenfreude? Wer sich am Schaden anderer erfreut, ist im Grunde glücklich darüber, dass es anderen nicht gut geht. Womit sich der Kreis der Erklärung wieder schließt. Ein glücklicher Mensch kennt keine Schadenfreude. Nur jemand, der mit sich selber und seinem eigenen Leben nicht zufrieden ist, auf welcher Ebene auch immer, wird sich genüsslich daran laben, dass es anderen (auch mal) schlecht geht. Der Schaden der anderen wirkt wie eine gerechte Strafe. Und wofür? Das Ego hat seine Gründe dafür, anderen Schlechtes zu wünschen:

› eine alte Verletzung durch genau diesen Menschen, bei dem man nun schadenfroh ist, und dem man noch nicht vergeben hat
› eine alte Verletzung durch einen anderen Menschen, aufgrund derer man sich einfach daran erfreut, wenn es anderen wenigstens so schlecht geht wie einem selber

Beides irgendwie nicht sonderlich erfreulich, nicht wahr?

Was also ist die Lösung? Es sind immer die gleichen Schritte, die maßgeblich sind, wenn man ein glücklicherer, erfolgreicherer und freierer Mensch werden möchte:

1. Schritt: BEWUSSTSEIN
Erst wenn ich erkenne, was für Spiele ich da treibe, kann ich mich für eine Änderung entscheiden. Beobachte genau, was du sagst und/oder denkst. Die folgenden Sätze deuten klar auf Schadenfreude hin und damit auf einen Anteil, der verletzt ist und sich wünscht, andere mögen auch verletzt werden:

> »Das geschieht ihm/ihr recht!
> »Da warte ich ja nur darauf, dass … (z. B. er merkt, dass das ein Reinfall war).«
> »Ja, ja, Hochmut kommt vor dem Fall, das habe ich immer schon gesagt.«
> »Hätte er mal mich gefragt, dann hätte ich ihm schon gesagt, dass das nicht funktioniert. Aber bitte, dann lernt er es eben auf die harte Tour!«
> »Ich warte schon auf den Tag, an dem sie damit so richtig auf die Nase fällt!«
> »Da wäre ich ja gerne Mäuschen, wenn das in die Hose geht.«
> »Tja, da hat sie das Karma wohl eingeholt. Dem entkommt eben keiner, recht so.«
> »Die werden schon sehen, was sie davon haben. Wer zuletzt lacht, lacht am besten!«

2. Schritt: HINTERFRAGEN

Wenn es dir bewusst wird, dass du anderen Menschen Schaden wünschst, dann ist es an der Zeit, dich und dein Denken/Handeln zu hinterfragen. Das hat nichts damit zu tun, dass du dich schuldig fühlen müsstest. Überhaupt nicht! Bislang hast du das unbewusst getan. Das Gute ist, dass du das nun ändern kannst. Es besteht überhaupt kein Grund dazu, dich mit überflüssigen Schuldgefühlen aufzuhalten. Richte stattdessen deine Energie auf die Lösung!

Nimm dir einen Moment Zeit, und frag dich: »Worum geht es mir eigentlich wirklich, wenn ich XY wünsche, dass er/sie eine negative Erfahrung machen soll?« Spür in dich hinein. Was genau befriedigt dich daran? Warum ist es dir wichtig, den anderen leiden zu sehen? Und frag dich auch: »Wo liegt der Ursprung meines Wunsches, XY leiden zu sehen?« Du wirst erkennen, dass es mit XY rein gar nichts zu tun hat, sondern dass das eigentliche Thema dahinter viel, viel älter ist.

3. Schritt: VERZEIHEN

Ja, das ist ein Thema, das schon in Hunderten, vermutlich Tausenden von Büchern behandelt wurde. Die einen wollen partout nicht verzeihen, andere zwingen sich im Kopf dazu. Letztendlich gilt es aber, zu erkennen, dass jede Vergebung, die nicht dem Herzen entspringt, allenfalls für die Katz, aber nichts für die eigene Freiheit und das eigene Wohlergehen ist. Ich kenne so viele Menschen, die mir (und allem voran sich selbst) erzählen, dass sie ihrer Mutter wirklich schon vergeben hätten. Seltsam, dass die alten Geschichten sie dennoch immer wieder auf die Palme bringen und sie sich wünschen, die Mutter möge doch nur einmal so einen Schmerz selber erleben, um zu verstehen, was sie damals verbrochen hätte. Unverzeihlich. Aber hundert Mal verziehen.

Wenn du selbst zu diesen Menschen gehörst, die wirklich, WIRK-LICH vergeben möchten, es aber nicht schaffen, die Geschichte final loszulassen, dann frag dich, was du davon hast, dir (und anderen) diese Geschichte immer noch und immer wieder zu erzählen. Aufmerksamkeit? Genugtuung? Mitleid? Was würde in deinem Leben fehlen, wenn es diese Geschichte nicht mehr geben würde?

Ja, ich weiß aus eigener Erfahrung, was für langwierige Prozesse das mitunter sein können. Für mein schwerstes mir bewusst gewordenes Trauma habe ich in etwa sechs Jahre gebraucht, um es zu verarbeiten und mich heute nicht mehr damit zu beschäftigen. Schicht um Schicht habe ich losgelassen, aufgearbeitet, und manchmal dachte ich, es hört nie auf. Dass ich es wirklich irgendwann geschafft hatte, erkannte ich daran, dass ich mit einem Mal überhaupt keine Lust mehr hatte, darüber zu reden. Weil mich diese Geschichte mit einem Mal nur noch langweilte. Sie hatte nichts Herzzerreißendes, Brutales, Gemeines oder Unverzeihliches mehr. Stattdessen hatte ich plötzlich Besseres zu tun, als darüber nachzudenken. Vor allem, weil ich sie auf einer sehr, sehr tiefen Ebene als »nicht wahr« erkannt hatte. »Nicht wahr« heißt hier: Die Version, an der ich mich jahrzehntelang festgeklammert hatte, war nicht wahr. Das bedeutet nicht, dass es dieses Ereignis in meinem Leben nicht gegeben hätte. Es bedeutet, dass ich es mit einem Mal anders interpretierte bzw. gar nicht mehr interpretierte. Es war kein Drama mehr, sondern eine Episode wie 1000 andere auch. Ein Teil meines Lebens eben. Punkt. Später werde ich noch einmal darauf zurückkommen, was der letzte Faden war, der reißen musste, um meinen Frieden zu finden (s. S. 92 ff.).

Schadenfreude ist eine Form der Rache, die sich daran ergötzt,
dass es nicht nur einem selbst schlecht geht.
Anstatt anderen zu helfen, weiterzukommen, genießt man es,
wenn sie auf der Stelle treten und/oder leiden.
Damit erzeugt man einen unendlichen Kreislauf auf niederer Ebene.
Denn anstatt dafür zu sorgen,
dass es weniger Menschen so schlecht geht wie einem selbst
(was die Lösung der eigenen Probleme nach sich ziehen würde),
erfreut man sich daran, andere ebenfalls leiden zu sehen.
Die Befriedigung ist kurz und der Heilfaktor null.

»Schau nur, wie glücklich ich bin!« – Freude als Rache

Was haben denn bitteschön Rache und Glücklichsein miteinander zu schaffen? Sie schließen einander doch aus, oder etwa nicht?

So ist es. Tatsächlich ist das etwas, was die meisten Rächer überhaupt nicht auf dem Schirm haben: Sich Rache wünschen und glücklich sein geht nicht in ein und demselben Moment. Wer sich darüber beschweren will, muss bitte beim Universum anrufen, das ist irgendein Ausschlussverfahren, das irgendwer so festgelegt hat. Ich nehme mal an, das hat etwas mit dieser Liebe zu tun. Jedenfalls dürfen wir von dieser Wahrheit ausgehen.

Rachegelüste und Glücklichsein können nicht im gleichen Moment koexistieren.

Bleibt die Frage: Wie kann dann eben das eigene Glück eine Form von Rache sein? Ganz einfach: Es geht um ein Pseudoglück. Es fühlt sich ähnlich an, ist aber etwas anderes als wahres Glück, weil es nicht auf dem Fundament der Liebe gebaut ist, sondern eben auf dem Wunsch nach Rache.

Nehmen wir mal ein Beispiel, anhand dessen wir uns das deutlich machen können: Nicole war eine glückliche Frau. Hätte man meinen können. Denn sie hatte alles erreicht, was sie sich je erträumt hatte: eine tolle Karriere, ein Cabrio, einen super Verdienst, einen Mann wie aus dem Wunschkatalog und zwei gesunde Kinder. Wer auch immer ihr auf Facebook folgte, konnte täglich an ihrem Glück partizipieren. Dennoch war sie tief in ihrem Inneren nicht befriedigt, obwohl sie es auch irgendwie war.

Ein Burn-out, mit dem niemand gerechnet hatte, zwang sie schließlich dazu, sich mit sich selber jenseits der glitzernden Oberfläche zu beschäftigen. Als die Rede auf ihre Mutter kam, winkte sie ab. Die sei schon lange tot, und damit hätte sie sich ausgiebig beschäftigt. Fast hätte man dazu neigen können, das auch zu glauben, wäre da nicht die Vehemenz gewesen, mit der sie das leicht herrisch betonte. Irgendein Schmerzpunkt war getroffen. Beim Musterlösen kam schließlich der entscheidende Punkt an die Oberfläche: Nicole spürte eine tiefe Befriedigung, da sie den Machtkampf zwischen ihr und ihrer Mutter gewonnen hatte. Sie genoss es zutiefst, dass sie diesen tollen Mann und dieses schillernde Leben hatte, das ihr ihre Mutter nie zugetraut hatte. So stand Nicole mit diesem leisen Lächeln auf den Lippen am Grab der Verstorbenen, den Triumph genießend.

Das Problem hierbei ist, dass sich diese Genugtuung so unsagbar gut anfühlt. Anstatt sich, wie früher, machtlos und unterlegen zu fühlen, ist da nun dieses Machtgefühl, es geschafft zu haben. Es ist wie ein fortwährendes Von-oben-auf-den-anderen-Herabspucken, genüsslich und voller vermeintlicher Freude, die aber keine ist. Denn sie ist auf Sand gebaut. Der Beweis war Nicoles Burn-out. Sie hatte so hart dafür gekämpft, das perfekte Leben zu erschaffen, um ihrer (verstorbenen!) Mutter zu beweisen, dass eben doch sie die Bessere von ihnen beiden war, und hatte sich dabei zu oft verausgabt. Auch war sie in ihrer Ehe zu viele faule Kompromisse eingegangen, um ja nicht diesen vermeintlichen Bilderbuchmann zu verlieren. Beruf und Kinder erzeugten bei ihr ein permanent schlechtes Gewissen, da sie meinte, ihre Karriere schleifen zu lassen, wenn sie mit den Kindern spielte, und wenn sie im Büro war, fühlte sie sich als Rabenmutter, weil sie nicht zu Hause war. Dazu kamen noch einige Kleinigkeiten, die in Summe eben doch groß waren. Zu groß und zu schwer für ihre Schultern.

Nicole bezahlte einen hohen Preis dafür, eine tiefe Befriedigung dabei zu verspüren, einen besseren Mann als ihre Mutter damals zu haben sowie einen tollen Job und Geld und angeblich perfekte Kinder. Sie hatte sich in all den Jahren nicht gefragt, was sie eigentlich wirklich glücklich machen würde, weil sie zu beschäftigt damit gewesen war, das Leben zu erschaffen, mit dem sie es ihrer Mutter heimzahlen wollte. Ihr Glück war nicht echt, zumindest nicht beständig und zu einem hohen Preis erkauft. Wahres Glück führt zu keinem Burn-out und hat nie etwas damit zu tun, bei einem Vergleich besser abzuschneiden. Viele Menschen merken gar nicht, welche Triebfeder sie ins Hamsterrad geführt hat. Dazu kommt die Angst, etwas zu ändern, denn dann könnten sie sich ja wieder so machtlos und klein und minderwertig fühlen wie früher.

Nicole hat es aber geschafft. Das war ein Weg, den sie zu gehen hatte, doch sie ging ihn. Nie hatte sie sich freier gefühlt als an dem Tag, an dem sie am Grab ihrer Mutter stand, viele Tränen vergoss und dabei ihrer Mutter deren Machtspiele vergab und schließlich sich selbst, weil sie sich für Rache viele Jahres ihres Lebens so unter Druck gesetzt hatte.

Bist du vielleicht auch ein scheinbar glücklicher Mensch, doch du bist müde, ausgelaugt, unzufrieden, obwohl du alles hast? Dann könnte es sein, dass du dir Glück erschaffen hast, um dich zu rächen und für das du einen hohen Preis bezahlst. Finde es heraus!

Bewusstsein schaffen!

Gibt es jemanden, bei dem es dir wichtig ist, dass er mitbekommt, wie gut es dir geht?

› Befriedigt es dich, erfolgreich zu sein? Wie fühlt sich diese Befriedigung an? Auf was ist sie gebaut?
› Wem möchtest du gerne den Satz »Schau her, wie gut es mir geht!« ins Gesicht schleudern?
› Wer hat dir früher erzählt, dass du es zu nichts bringen würdest, und du hast es trotzdem geschafft? Überprüfe, ob dich das befriedigt und du anfängst zu grinsen.
› Wie würde es dir gehen, wenn niemand bemerken würde, wie erfolgreich/sexy/reich usw. du bist?

Nicht alles, was sich wie Glück anfühlt, ist wahres Glück.
Ein wertvolles Indiz dafür, dass es kein echtes Glück ist,
sondern die Befriedigung, die die Rache uns versucht zu versprechen,
ist ein kleines Lächeln auf den Lippen bei dem Gedanken,
wie ein anderer Mensch sich (schlecht) fühlen würde,
wenn er sehen könnte, wie gut es dir geht.
Solch ein Pseudoglück wird niemals tiefe Zufriedenheit mit sich bringen.
Es ist aufgebaut auf dem Unglück eines anderen
und hat daher nichts mit Liebe zu tun.

»Ich schaff das einfach nicht!« – Mangelnder Erfolg als Rache

Wenn du bis hierhin gelesen hast und es dir gelungen ist, langsam den Schleier der verdrängten Rachemuster zu lüften, wenn du beginnst zu verstehen, dass verdeckte Rachemuster ganz anders funktionieren, als du es mit deinem Bewusstsein bisher vielleicht gedacht hast, dann bist du sicher auch dazu bereit zu verstehen, dass Versagen, Scheitern und Darben auch eine Form von Rache sein können. Bitte bedenke aber, dass hinter Erfolg oder Misserfolg nicht zwingend immer ein verdecktes Rachemuster

stecken muss! Das kann sein, und das gilt es herauszufinden – sei es durch eigene Versenkung in sich selbst, durch Geduld und die Fähigkeit, in den Mitmenschen Spiegel erkennen zu können, oder aber indem du dich von jemandem begleiten lässt, der gut darin ist, Menschen ihre blinden Flecken aufzuzeigen. Nun aber zur nächsten Spielvariante der Rachefalle.

Katja hatte alle bedeutenden spirituellen Werke auf dem Markt gelesen. Sie wusste, dass sie die Schöpferin ihrer Realität war. Sie wusste, dass das Prinzip der Resonanz das in ihr Leben brachte, was ihrem Geist entsprach. Sie wusste, dass Fülle und Überfluss ihre wahre Bestimmung waren. Das alles wusste sie, weil sie das tausendmal gelesen und auf Vorträgen und in Seminaren gehört hatte. Was sie allerdings nicht wusste, war, wie sie dieses Wissen, zum Kuckuck noch einmal, endlich so anwenden könnte, dass sich das alles auch so manifestieren würde, wie sie das als Schöpferin eigentlich wollte. Denn Katja wusste auch: Wenn es so weiterging, würden ihre Schulden wachsen. Und auch vom Singledasein hatte sie endgültig genug. Egal, was ihr Kartenleser oder Hellsichtige auch immer, teils für viel Geld, prophezeit hatten: Es war immer ganz anders gekommen. Oder die Aussagen waren so vage gewesen, dass Katja sie so umgemünzt hatte, dass sie ihr irgendwie in den Kram gepasst hatten. Der Kram wiederum hatte sich nicht ihren Wünschen anpassen wollen.

Auf die Frage …

»Was hast du davon, chronisch pleite und einsam zu sein?«

… reagierte Katja so, wie es viele in ihrer Situation auch wohl tun würden: verärgert. Es ist nämlich sehr häufig so, dass Menschen, die so viel »Wissen« haben, nicht gerade glücklich sind, wenn ein Außenstehender sie darauf aufmerksam macht, dass sie nicht das leben, was sie gerne anderen und sich selbst erzählen. Tief in sich drinnen sind sie auf sich selber wütend, weil sie es nicht schaffen. Weil das aber etwas schwer zu ertragen ist, nutzen sie gerne andere als Projektionsfläche. In diesem Fall war das: ich. Doch hier ging es nicht um mich, es ging um Katja. Würde sie wirklich ihr Leben ändern wollen, müsste sie zulassen, mit solchen unangenehmen Fragen konfrontiert zu werden. Also stellte ich ihr die nächste Frage, die hilft, das Unterbewusstsein zu triggern:

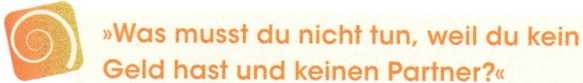

»Was musst du nicht tun, weil du kein Geld hast und keinen Partner?«

Auf diese Frage war sie eher bereit einzugehen und antwortete: »Ich muss mich nicht um Geld kümmern. Und ich kann tun und lassen, was ich will.« Offenkundig gab es Glaubenssätze in ihrem

System, die behaupteten, Geld zu haben wäre stressig und ein Partner hieße, sich selber einschränken zu müssen. Wir arbeiteten eine Weile weiter und gingen immer tiefer. Schließlich gelangten wir an den Punkt, an dem ich ihrer Mimik wieder entnehmen konnte, dass eine gewisse Befriedigung vorherrschte. Dieses süffisante, kaum wahrnehmbare und doch vorhandene Grinsen. Es ging darum, dass ihre Mutter für sie ein Mensch war, der ein Leben lang über sie bestimmt hatte. Sehr oft war sie deshalb wütend und traurig gewesen, manchmal hatte sich Katja auch sehr hilflos gefühlt. Das alles sind Gefühlslagen, in denen man sich schwach und unterlegen fühlt. Leise und langsam war in der Tochter der Wunsch erwachsen, sich eines Tages an der dominanten Mutter rächen zu können, ihr all den Schmerz heimzahlen zu können.[1]

Was also könnte man tun, auf sehr subtile Art und Weise? Die Lösung war so genial, wie nur das Ego sie sich ausdenken konnte: Katja hatte irgendwann einmal beschlossen, ihrer Mutter das zu verwehren, was sie sich am meisten wünschte: dass ihre Tochter sehr erfolgreich und wohlhabend wäre und einen Schwiegersohn nach Hause bringen würde, mit dem sie in der ganzen Verwandtschaft würde angeben können. Als Frau alleine zu sein, bedeutete für ihre Mutter eine Schande, denn welche Frau würde

---

1 Die Beispiele, die bisher erzählt wurden, sollen nicht implizieren, dass alle Rachethemen auf ein Mutterthema zurückgehen. Dies ist nicht der Fall.

es nicht schaffen, einen Mann an Land zu ziehen? Da Katja klar war, dass ihre Mutter sich für eine chronisch erfolglose Tochter schämen würde, und sie wiederum wusste, wie schlecht es sich anfühlt, sich zu schämen, war das die perfekte Rache an ihrer Mutter! Wäre ihr Leben nur verkorkst genug, würde sich ihre Mutter grämen und wieder und wieder vor Scham im Boden versinken, wenn sie auf den Geburtstagsfeiern der Verwandtschaft nur Schlechtes über ihre Tochter zu berichten wusste.

Was für ein genialer Plan, nicht wahr? Und er funktionierte sogar! Blöd nur, dass das alles zu sehr viel Leid und zu kein bisschen Glück führte – auf beiden Seiten nicht. Vernunft sieht anders aus.

Tja, so ist es nun mal, unser liebes Ego. Es lässt sich die miesesten und fiesesten Tricks einfallen, nur damit wir nicht glücklich sind. Oder zumindest nur ein bisschen, aber nie so richtig vollkommen.

Was also tun? Katja hatte nun das Bewusstsein dafür erlangt, was es wirklich (!) bedeutete, Schöpferin der eigenen Realität zu sein. Sie hatte sich zwar gewünscht, Geld und einen Partner zu haben, aber noch viel mehr als das hatte sie sich gewünscht, es nicht zu haben, um ihre Mutter leiden zu lassen. In diesem Moment konnte sie sich neu entscheiden. Du magst nun vielleicht denken: »Jetzt kann sie alles sofort anders machen!«, doch dann weißt du noch nicht, wie sehr wir manchmal an diesen Sabotagemustern kleben. Es hat eine Weile gedauert, und viel Hingabe und Beharrlichkeit waren nötig, bis Katja dazu in der Lage war, den Wunsch nach Rache wirklich aufzugeben. Mit einem Lippenbekenntnis war es nicht getan. Erst galt es, all den Groll, den Hass und den Zorn aufzulösen, die in ihr schon so lange getobt hatten. Diese Emotionen führten nämlich zu ihrer Weigerung, die Rache loszulassen. Mit dem Mantra »Ich vergebe meiner Mutter« war es da nicht getan. Katja musste in sich gehen, wieder und wieder, und lernen, ihre Gefühle ohne Bewertung zu beobachten. Erst dann konnte sie nach und nach loslassen, wirklich verzeihen und so selber frei werden.

Exkurs: Gefühle ohne Bewertung beobachten

Es gibt unendlich viele Methoden auf dem Markt des Musterlösens. In meinen »spirituell drängenden« Jahren probierte ich allerhand aus. Und ich stellte fest, dass dieser Markt genau so funktioniert wie die Märkte aller anderen Wirtschaftszweige auch: Die Leute stehen auf Modeerscheinungen, und die Wirtschaft reagiert darauf, indem sie dieses Bedürfnis entsprechend bedient. Man meint zwar, sehr bewusst und nicht mehr manipulierbar zu sein, doch Menschen sind Menschen, für was auch immer sie sich interessieren mögen. Laufen in dem einen Jahr noch alle zur Methode X bei diesem Lehrer, ist es im darauffolgenden Jahr die Methode Y beim anderen Lehrer. Man schaut mal hier, mal da, glaubt den Versprechungen, dass es so noch einfacher wäre als vorher, und am Ende ist man dazu bereit, sehr viel Geld zu bezahlen, wenn einem nur endlich jemand hilft!

Versteh mich nicht falsch, das hier ist keine Verurteilung. Ich bin eine passionierte Beobachterin, allem voran meiner selbst. Ich stelle einfach fest, dass die Menschen, die sich irgendwann für einen Weg entscheiden und dabei bleiben, sehr viel einfacher auch in einer Sache Meister werden. Das ist beim Klavierspielen nicht anders als bei der Arbeit mit dem eigenen Geist. Es kann sehr viel Spaß machen, verschiedene Lehrer und Methoden kennenzulernen, und auch ich mag es nach wie vor, mal hier und mal dort zu schauen. Im Kern jedoch hat sich für mich eine Sache über all die Jahre gezeigt: Meine Erfahrung (und die Betonung liegt auf »meine«) ist, dass die Sachen, die funktionieren, sehr einfach sind. Sie sind so einfach, dass die meisten Menschen sagen: »Ach, das ist so einfach, das kann es nicht sein.« Wenn es nichts kostet, ist es auch dubios. Denn wenn die Methode doch so gut wäre, dann müsste der »Erfinder« doch ein Vermögen dafür verlangen, nicht wahr? Höher, schneller, weiter, am besten mit Energien von anderen Planeten, aus anderen Dimensionen und Universen. Jedem das Seine.

Hier ist nun eine Übung von mir für dich, die ich selber wieder und wieder praktiziere. Dank ihr werde ich mehr und mehr eine echte Schöpferin und kann mit weniger und weniger Leid durch mein Leben laufen, sodass meine wahre Natur, die Freude, immer mehr Platz hat. Ich warne dich aber: Sie ist sehr einfach und kostet nichts.

Lerne zu agieren. Am besten immer wieder neu, unvoreingenommen.

Wie?

Indem du deine Gefühle beobachtest. Indem du deinen Körper beobachtest. Indem du nicht wütend auf deinen Vater bist, sondern indem du Wut auf deinen Vater hast und sie beobachtest.

Merkst du alleine den Unterschied in diesen beiden Sätzen?

»Ich bin wütend auf meinen Vater« fühlt sich doch anders an als »Ich habe Wut auf meinen Vater«, oder?

»Ich bin« ist eine sehr mächtige Formel, denn mit ihr erschaffst du deine Wahrnehmung von dir in deiner Umwelt. Wer bist du in Relation zum Rest? Was wählst du aus unendlichen Möglichkeiten aus zu sein? Kinder sind alles, was sie sein wollen. »Ich bin ein Kapitän!«, rufen sie und machen »Tuuuuut, tuuuuuut!« mit ihrem imaginären Nebelhorn. Die Brust voller Stolz nach vorne gereckt, während Papas alte Mütze als edles Symbol der Führungsposition auf dem Schiff dient. In diesem Moment IST das Kind Kapitän! Es fühlt sich wie ein Kapitän, also ist es einer.

Um dir die Bedeutung des Unterschieds zwischen »ich bin« und »ich habe« klarzumachen, hier noch mal ein anderes Beispiel: Du öffnest eine Packung Nüsse und schüttest den Inhalt auf deine Handfläche. Was sagst du? Sagst du:

»Ich bin Nüsse.«
Oder sagst du:
»Ich habe Nüsse«?

Vermutlich findest du die Frage albern. Ist sie aber nicht. Bei den Nüssen ist dir klar, dass du sie hast. Wieso dann nicht bei den Emotionen? Wenn es dir gelingt, die Hilflosigkeit in dir zu beobachten und sie einfach da sein zu lassen, mit Gleichmut, wissend, dass alles im Leben kommt und geht, auch dieses Gefühl der Hilflosigkeit, dann verliert es seine Macht über dich. Macht kann man nur über jemanden haben, der bereit dazu ist, seine Macht abzugeben. Wenn du ins Drama einsteigst und dich als Opfer siehst, tust du genau das. Du gibst deine Macht ab. Wenn du durch Übung lernst, nicht mehr diese Gefühle zu sein, sondern sie zu haben, sie mit Gleichmut zu betrachten, dann kannst du dein wahres Wunder erleben. Wieder und wieder. Und vergiss nicht: Übung macht den Meister.

»Sollen die doch alle sehen, was aus mir geworden ist!« – Erfolg als Rache

»Also, dass Misserfolg auf einem Rachemuster basieren kann, o. k. Das sollte man dann ändern. Aber wieso etwas ändern, wenn man erfolgreich ist?« So oder so ähnlich magst du dich vielleicht gerade fragen, wenn du die Überschrift dieses Kapitels gelesen hast. Berechtigte Frage. Schauen wir uns doch das Ganze einmal etwas näher an.

Tom wurde in der Schule immer gehänselt. Er war dick, hatte eine nicht ganz so schicke Brille, und viel mehr brauchte es auf dem Schlachtfeld des Schulhofes nicht, um einem Jungen das Leben zur Hölle machen zu können. Seine Noten waren durchschnittlich, den Lehrern fiel er kaum auf, weder positiv noch negativ. Der Junge weinte viele Tränen, wenn er alleine in seinem Zimmer war. Es war einfach grausam, sich als Opfer zu fühlen, machtlos auf ganzer Linie. In seinen Gedanken war er ein Superheld, was aber immer nur so lange dauerte, bis er von anderen wieder daran erinnert wurde, dass seine Realität etwas anders aussah. Wieder und wieder kam es in ihm hoch, dieses zerstörerische Gefühl der Machtlosigkeit. Eines Tages stieg ihm der Zorn in seine Augen. Er kochte innerlich und konnte die Tränen nicht mehr aufhalten. »Euch werde ich es zeigen!«, beschloss er, und wenn es noch zwanzig Jahre dauern würde. Tom malte sich die dummen Gesichter seiner Peiniger aus, wenn der Tag der Abrechnung käme. Eines Tages, so schwor er sich, würden sie zu ihm aufblicken und ihn beneiden. Und dann würde er sie wie die Maden zertreten. Vernichten würde er sie, gnadenlos und unerbittlich. Und er hätte die schönste Frau, sodass alle vor Neid platzen würden, wenn er sie mit seinem teuren Auto spazieren führe.

Man sieht, die Insignien eines erfolgreichen Mannes sind bei Kindern schon recht früh verankert.

Das Selbstmitleid hielt noch bis zum Ende der Pubertät an, dann wurde Tom ein Macher. Anstatt Burger und Pommes in sich hineinzustopfen, fing er an, ins Fitnessstudio zu gehen. Am Anfang lachten ihn alle aus, weil er wie verrückt schwitzte und kaum Kraft hatte, Gewichte zu heben. Auf dem Laufband konnte er nicht einmal Geschwindigkeit 5 einstellen. Also fing er mit Gehen an. Die Spötteleien kannte er mittlerweile zur Genüge, er hatte sich einen Panzer zugelegt, sodass alles von ihm abprallte. Während die anderen Jungs beim Training immer wieder mit dem Finger auf »das fette Schwein« zeigten, malte Tom sich wieder und wieder aus, wie sie eines Tages darum betteln würden, in seiner Nähe sein zu dürfen.

Der Hass trieb ihn an, er motivierte ihn unbeschreiblich. Mit diesem Hass fühlte er sich stark. Und so kam es, dass Toms Ehrgeiz und die Zeit drastische Veränderungen brachten. Schon nach einigen Monaten war er nicht mehr das »schwitzende Tier da drüben«, sondern man fing an, anerkennend mit dem Kopf zu nicken. Tom hatte 27 Kilo abgenommen. Das reichte ihm nicht. Er wollte nicht nur einen dünneren Körper, sondern einen aus Stahl. Der nächste Schritt bestand also darin, seinen Körper zu stählen. Er änderte seine Essgewohnheiten wieder, und Protein stand nun auf der Speiseliste ganz oben. Da er keine wirklichen Freunde hatte, verbrachte er die Abende nicht in Kneipen oder mit Mädchen. Stattdessen lernte er wie verrückt und schaffte es nicht nur, ein gutes Abitur hinzulegen, sondern auch zum ersten Mal von den Lehrern anerkennend wahrgenommen zu werden. »Junge, wo hast du dich denn all die Jahre versteckt?«, meinte einer der Lehrer eines Tages im Unterricht nach einer klugen Bemerkung. Vereinzelt machten noch manche Witze über ihn, aber das hatte drastisch nachgelassen.

Tatsächlich fing der neue Tom an, ein paar Mädchen aufzufallen. Eigentlich sei der doch ganz hübsch, meinten sie. In der Universität hingegen fanden das dann schon einige. Toms neue Bekannten waren von seinem alten Ich nicht beeinflusst. Sie kannten nur den sportlichen, klugen Kerl, der stellenweise etwas arrogant wirkte. Tom selber fühlte sich in seiner neuen Welt so wohl, dass er eigentlich hätte glücklich sein können. Doch sein Ziel stand fest: Seine ehemaligen Klassenkameraden würden bluten müssen. Er weigerte sich, mit seiner Vergangenheit abzuschließen und machte sie stattdessen beharrlich immer wieder zu seiner Gegenwart. Wieder trieb der Hass ihn an, und wieder bewertete er ihn als wertvoll und gut, da er ihn zu Höchstleistungen antrieb. Der Hass war sein Motor geworden, und er fürchtete, dass er wieder in alte Muster zurückfallen könnte, wenn er ihn loslassen würde. Also klammerte sich Tom an ihm fest und machte weiter.

Nach dem Studium bot ihm ein Professor eine Doktoranden-stelle an. Eigentlich hatte Tom keine Lust darauf, wissenschaftli-ches Arbeiten war ihm zuwider. Doch er wusste, dass so ein Titel eine gute Möglichkeit wäre, andere dumm aussehen zu lassen. Er nahm die Stelle an und arbeitete die folgenden fünf Jahre an einem Thema, das ihm keinen Spaß machte, zwang sich täglich zum Sport, der ihm eine notwendige Last war (auch heute noch), und tat das alles auch an den zahlreichen Tagen, an denen es ihm zutiefst zuwider war, weil er eigentlich lieber Tierpfleger gewor-den wäre. Doch damit hätte er andere nicht erniedrigen können.

Natürlich kam es, wie es kommen musste: Das Klassentreffen lie-ferte Tom nicht die Gefühle, die er sich gewünscht hatte. Er ver-spürte höchstens eine kleine Befriedigung. Diese Befriedigung war nicht von Dauer, sodass er auch nach dem Treffen nicht da-mit aufhörte, sich selber zu quälen, sondern weitermachte, bis ihn sein Körper eines Tages unvermittelt dazu zwang, mit all dem aufzuhören, indem Tom einen körperlichen Zusammenbruch er-litt. »Dieser gesunde, sportliche Mann, also so was!«, hieß es dann überall ratlos. Toms Hass hatte ihn vergiftet, auch wenn man es im Außen nicht sehen konnte. Seine Motivation war es stets ge-wesen, andere mit seinem Erfolg zu bestrafen, doch letztlich hat-te er sich an jedem Tag, in jeder Sekunde, einfach nur selbst be-straft – auch in den Momenten, in denen er sich überhaupt nicht mehr bewusst war, was er da aus welchen Gründen eigentlich tat.

Wir müssen nicht wissen, was uns zerstörerisch antreibt, damit es seine Wirkung in uns entfalten kann. Diese Rachegefühle sind nicht jedem Menschen so bewusst wie Tom in unserem Beispiel. Oftmals genügt ein Racheschwur, aus dem Affekt heraus, der uns aber unbewusst bindet und antreibt. Ihn gilt es aufzuspüren und zu lösen, was je nach Situation eine andere Methode erfordern kann.

Was meiner Erfahrung nach immer funktioniert, ist, die eigenen Gefühle auf Körperebene zu beobachten, ohne Bewertung. Das zu erlernen, kann eine Weile dauern, so einfach das auch klingt. Aber lass dich von diesem einfachen Satz nicht in die Irre führen: Uns Menschen fällt kaum etwas schwerer, als etwas nicht zu be- oder verurteilen. Bevor du damit beginnst, braucht es aber einmal mehr: Bewusstsein

Die folgenden Fragen können dir dabei helfen, herauszufinden, ob dein Erfolg auf Freude und Liebe oder auf Rachegefühlen basiert:

»Gibt es jemanden/eine Menschengruppe, bei dem/bei der es mir besonders wichtig ist, ihm/ihnen zu zeigen/zu erzählen, dass ich Erfolg habe? Wenn ja, welche Reaktion verspreche ich mir davon?«
(Mitfreuen ist etwas anderes als lange Gesichter sehen zu wollen!)

»Verschafft es mir Genugtuung, meinen Partner/meine Partnerin anderen Menschen zu präsentieren? Wieso?«

»Wenn ich an meinen Erfolg in meinem Leben denke, habe ich dann ein befriedigtes Lächeln auf meinen Lippen, oder ist es ein freudiges Lächeln? Wenn es sich befriedigend anfühlt, denke ich dabei an andere Menschen?«

»Gibt es jemanden, gegen den ich heute noch Groll hege, dem ich Misserfolg wünsche?«

»Warum bin ich nur immer pleite?« – Geldmangel als Rache

Vielleicht gehörst du zu den Menschen, die jetzt gerade in einer Buchhandlung sitzen, das Inhaltsverzeichnis gelesen und sofort auf diese Seite geblättert haben. Weil du hoffst, hier den Grund für deinen Geldmangel zu finden. Lass mich dazu das Folgende sagen:

Was viele Menschen wirklich nicht verstehen, sogar dann nicht, wenn sie meinen, es mit dem Verstand zu wissen, ist, dass Geld etwas ist, das ebenso neutral ist wie Toilettenpapier, Leitungswasser, der Sonntagsbraten oder auch ein Kinderlachen. Faktisch reden wir davon, dass die ganze Welt wegen ein paar bedruckter Papierzettel durchdreht. Oftmals sogar wegen Papierzetteln, die es nicht einmal real gibt (siehe Aktien). Welchen Wert wir Geld beimessen, erkennt man meiner Meinung nach am besten dadurch, dass wir dazu bereit sind, etwas zu tun, weil wir digitale Zahlen auf einem digitalen Konto sehen. Oder anders gesagt: »Der Lohn ist endlich auf dem Konto eingegangen!« Alles, was es in diesem Moment gibt, sind digitale Zahlen. Da ist nichts Reales. Es ist allein die Bedeutung, die du diesen Zahlen zumisst, plus dein Vertrauen darin, dass du sie in etwas für dich Reales umwandeln kannst, weil es gelungen ist, der ganzen Weltbevölkerung vorzumachen, dass digitale Zahlen einen Wert hätten.

Dass das funktioniert, siehst du daran, dass dein Vermieter etwa dich in deiner Wohnung wohnen lässt, obwohl du nichts anderes tust, als ihm einen Teil deiner digitalen Zahlen als digitale Zahl auf sein digitales Konto zu senden. Es ist in unserer Welt möglich, dass du arbeitest, wohnst, Versicherungen, Essen usw. bezahlst und am Ende des Monats nicht einen einzigen Euro in der Hand gehalten hast. Du hast dir das Essen im Supermarkt mit der EC-Karte geholt. Du hast deinem Freund das geliehene Geld zurücküberwiesen. Du schwitzt in der Nacht, weil du nicht weißt, ob genug digitale Zahlen auf dem Konto sind, um den Kindergarten zu bezahlen. Und ja, für dich sind das reale Probleme, ohne Zweifel. Wieso? Weil die ganze Welt an die Macht und den Wert dieser digitalen Zahlen glaubt. Hätte man uns weisgemacht, dass Kaninchen diesen Wert hätten, würden wir wie die Verrückten hinter Kaninchen herlaufen und sie bis zum Umfallen züchten.

Im Science-Fiction-Film »In Time – Deine Zeit läuft ab« kann man sehen, wie Geld durch Zeit ersetzt wurde, was nach dem gleichen Prinzip funktioniert (und machen wir im Grunde ja jetzt schon). Was auch immer das Thema bzw. die Themen hinter deinem Geldmangel ist bzw. sind: Diese Themen würden auch dann bestehen, wenn das Geld abgeschafft werden würde. Denn es geht hier um Wertigkeit und nicht um bedruckte Papierscheine. Wer wiederum versteht, wie man Fülle erschafft, anzieht usw., dem kann es völlig egal sein, ob wir nun mit Geld handeln oder mit

Nüssen oder Steinen. Er wird immer wissen, wie er genug davon für sich erschaffen, besorgen, erwirtschaften kann.

Heißt das, ich sage, du bist selbst schuld?

Nein, du bist nicht schuld. Du bist an gar nichts schuld, zumindest nicht in meiner Welt, wo es den Schuldbegriff nicht gibt. Ich bin ein großer Freund von Eigenverantwortung. Ich frage mich selber z. B. nicht: »Wieso habe ich so wenig Geld?«, sondern: »Wie genau und womit stehe ich dem Geldfluss hin zu mir selbst im Weg?« Mit dieser Frage komme ich viel weiter. Und ich bin dazu bereit, stets alle negativen Gedanken und Gefühle in Bezug auf Geld-knappheit zu lösen. Denn wenn mich meine Reisen in ferne Län-der eines gelehrt haben, dann das: Kein Geld zu haben ist noch lange kein Grund, den ganzen Tag das Leben zu verfluchen (oh-nehin keine besonders gute Idee) oder andere Menschen (auch keine gute Idee) oder Geld an sich (wiederum auch keine beson-ders gute Idee, wenn man gerne welches hätte). Ich habe so viele finanziell arme Menschen mit einem gigantischen Reichtum im Herzen gesehen, die dazu bereit waren, ihre Kanne Tee mit mir zu teilen, wissend, dass ich mir täglich zehn Kannen leisten könn-te im Gegensatz zu ihnen. Mein Wunsch nach einem »Best of« für alle, nämlich Wohlstand und Reichtum auf allen Ebenen, im Herzen wie auch im Portemonnaie, treibt mich dazu an, Bücher wie dieses zu schreiben. Denn wenn du dazu bereit bist, die Eigenverantwortung für dich und dein (Er-)Leben zu übernehmen, hast du gute Chancen, dass du bald schon selbst auf einer Bühne stehen und den Menschen erzählen könntest, wie es dazu kam, dass du vom chronischen Pleitegeieropfer zum unabhängigen, freien und wohlhabenden Menschen wurdest.

Geld im Überfluss besitzen.[2] Ein sehr komplexes Thema, von dem hier nur ein Aspekt aufgegriffen werden kann. Vielleicht liefert dir dieses Kapitel nicht die Lösung für deine speziellen Finanzeng-pässe. Vielleicht ist es aber gerade für dich der Durchbruch an Erkenntnis, den du brauchst, um dieses Mangelthema ein für alle Mal der Vergangenheit angehören zu lassen! Kommen wir daher zur Frage: Inwiefern kann Geldmangel auf einem Rachegedan-ken fußen?

Dazu ist es wichtig, sich anzusehen, welche Rolle Geld in der Her-kunftsfamilie gespielt hat. Im Grunde könnte man über all die vielen Teilaspekte von Geld eigene Bücher schreiben. Bleiben wir hier, im Rahmen dieses »Überblicks-« und »Einblicksbuches«, bei dem folgenden Beispiel:

---

2 Na? Denkst du jetzt schon wieder: »Ach, im Überfluss brauche ich es gar nicht. Mir würde es schon reichen, über die Runden zu kommen!« Wirklich?

Ines stand kurz vor dem Nervenzusammenbruch. Wieder einmal wusste sie nicht, wie sie die Tage im Kalender mit einer 2 vorne dran bis zum 1. des Folgemonats überbrücken sollte. Die Kinder brauchten Schulsachen, Essen sowieso, das Auto stotterte, was eine bevorstehende, teure Reparatur ankündigte, und heute Morgen hatte auch noch die Waschmaschine den Geist aufgegeben. Wieso war das so? Wieso hatte sie ihr Leben lang mit Geld zu kämpfen? Oder besser gesagt: ohne Geld?

Als Ines dazu bereit war, sich helfen zu lassen, durfte sie sich mit vielen Aspekten beschäftigen, die erst einmal nichts mit Geld zu tun haben schienen. Einer der Knackpunkte war, dass sie ihren Vater für seine Blenderei immer verachtet hatte. Er hatte nie Geld, und wenn doch, dann verjubelte er es immer gleich. Nach außen hin machte er aber einen auf dicken Max. Es war ihm wichtig, dass die Leute ihn bewunderten und dass sie dachten, er hätte Geld, obwohl das nicht stimmte. Seiner Meinung nach würde man nur dann von anderen respektiert werden, wenn man ein ordentliches Bankkonto vorweisen könnte. Und natürlich auch, wie sollte es anders sein, tolle Kinder. Daher standen Ines und ihre Geschwister unter einem enormen Druck. Stets sollten sie besser sein als andere, bessere Noten, bessere Manieren, eine bessere Außenwirkung haben. Ihr Vater war in seinem Inneren zutiefst verunsichert und ängstlich und kämpfte ein Leben lang, ohne es wirklich zu merken, dagegen an, dass man das erkennen könnte.

Stattdessen kaschierte er diese Angst mit Lügen und übertrug den Druck auf seine Kinder. Ines hasste dieses geheuchelte Leben und all den Stress, der damit verbunden war. Jedes Mal, wenn sie zu Hause eine Ohrfeige bekam, weil ihre Schularbeit nicht besser war als die der Nachbarskinder, wuchs ihre Wut auf ihren Vater, der in ihren Augen selber ein Versager war und der sie und ihre Geschwister dazu zwang, seine Defizite auszubügeln bzw. wettzumachen. »Eines Tages zahle ich dir all das heim, was du uns hier antust!«, schwor sie sich tief verbittert mehr als einmal.

Und was würde ihren Vater mehr beschämen als eine Tochter, die es finanziell so überhaupt nicht auf die Kette bekam? Und das offenkundig?

Als Ines das erkannte, dass sie nämlich seit drei Jahrzehnten versuchte, ihren bereits toten Vater durch ihr bankrottes Leben zu bestrafen, brach sie in Tränen aus. Sie erkannte, was Buddha gemeint hatte, als er sagte:

»An Ärger festhalten ist wie wenn du ein glühendes Stück Kohle festhältst mit der Absicht, es nach jemandem zu werfen. Derjenige, der sich dabei verbrennt, bist du selbst.«

Dasselbe gilt auch für Hass und für den Wunsch nach Vergeltung. Das Ziel von Ines zerstörerischen Gedanken und damit Gefühlen war vermeintlich ihr Vater gewesen. Bestraft hatte sie sich selbst all die Jahre damit. Doch nun hatte Ines verstanden, was sie da tat. Es war ein ordentliches Stück Arbeit gewesen, das zu erkennen. Wenn aber diese verdeckten Rachemuster erst einmal an der Oberfläche sind, dann kann man auch Änderungen herbeiführen. Ines brauchte eine Weile, doch dann konnte sie erkennen, warum ihr Vater so gewesen war. Und anstelle von Hass und Rachegefühlen hielt Mitgefühl Einzug in ihrem Herzen. Das war der Tag, an dem sie selbst ihren Frieden fand. Und sie konnte damit aufhören, den Pleitegeier über sich kreisen zu lassen. Denn es gab keinen Grund mehr, darauf einen unbewussten gesteigerten Wert zu legen.

Wichtig: Vergebung funktioniert dann, wenn sie aus dem Herzen kommt. »Ich habe meinem Vater schon so oft vergeben« ist ein Satz, den ich immer wieder von Menschen höre, die glauben, sie hätten mit einem Kapitel abgeschlossen. Warum wäre es dann nötig, es immer wieder zu tun? Wer einmal erlebt hat, wie es sich anfühlt, wenn wirklich (!) Frieden im Herzen einkehrt, der erkennt den Unterschied zwischen der Absichtserklärung im Kopf und der echten Vergebung. Sie ist spürbar und wirkt sich unmittelbar auf das gesamte Leben aus.

So konnte ich beispielsweise mit einem großen Trauma erst final abschließen, als ich das letzte Seil dazu gekappt hatte. Nachdem ich jahrelang Schicht um Schicht gelöst hatte, konnte ich trotzdem noch nicht abschließen. Erst die Erkenntnis, dass etwas tief in mir an meiner Traumageschichte festhielt, brachte den Umschwung. Es war der verbitterte Satz:

»Du hast es nicht verdient, dass ich dir vergebe. Du sollst schmoren dafür! Denn das, was du mir angetan hast, ist unverzeihlich!«

Und da wir nichts mehr lieben, als recht zu haben, hatte ich all die Jahre an meinem Groll festgehalten, um den anderen zu bestrafen. Nur: WER hatte denn all die Jahre gelitten? Allem voran: ich. Nun endlich war mir das klar geworden, und ich konnte das bereinigen.

Seither hatte ich nie wieder Lust, diese Geschichte zu erzählen. Es langweilt mich, und ich kann nicht mehr davon berichten, weil ich weiß, dass sie so, wie ich sie jahrelang erzählt habe, voller Schmerz und Wut, nicht wahr war. Sie ist nie wahr gewesen. Und es befriedigt mich nicht mehr, diesen Menschen mit Dreck zu bewerfen. Ja, ich kann diese Geschichte heute sogar für mich behalten, ohne Druck, um anderen zu ersparen, diesen Menschen in einem anderen Licht sehen zu müssen, als sie es jetzt tun. Andere dürfen glauben, dass er ein ausnahmslos liebevoller Mensch ist.

Und das macht: mich glücklich. Weil es schön ist, Frieden zu haben und etwas aus Liebe zu anderen zu tun, aber auch aus Liebe etwas zu lassen. Herrlich, kann ich nur empfehlen!

»Ich weiß gar nicht, wohin mit all der Kohle!« – Reichtum als Rache

Im Laufe dieses Buches haben bei dir jetzt sicherlich schon die einen oder anderen Glöckchen im Ohrgang geläutet. Und wenn du das Prinzip der verdeckten Rachemuster verstanden hast, müsste dir hier im Grunde klar sein, was in den folgenden Kapiteln auf dich wartet. Vielleicht könntest du das Buch hier sogar schon weiterschreiben. Du denkst: »Ja, ja, ich habe das jetzt verstanden!« Sei mal ehrlich: Hat es dich jemals, jemals in deinem Leben schon weitergebracht, wenn du eine Sache einmal verstanden hattest? Ich rede von wirklichen Wendepunkten. Und ich gehe davon aus, dass die Antwort »Nein« ist, denn zu einem Wendepunkt gehört nicht nur ein »Mhm, ist klar«, sondern eine tiefe Erkenntnis, gepaart mit einem Gefühl, das ab diesem Zeitpunkt zu anderen Handlungsimpulsen führt – und damit zu neuem Denken und Handeln.

Kurzum: Vielleicht könntest du das Buch weiterschreiben. Aber hast du das alles schon so verinnerlicht, dass du ab sofort auch anders handeln könntest? Dass du ab sofort andere Erlebnisse, andere Menschen, andere Reaktionen anziehen könntest?

Vertiefen wir das Verständnis doch noch weiter.

Im vorherigen Kapitel hatten wir erfahren, dass Ines versuchte, ihren toten Vater zu bestrafen, indem sie finanziell auf keinen grünen Zweig kam. Schauen wir uns doch einmal Jens an, der materiell alles hatte, was er sich wünschte.

Das hatte er nämlich wirklich. Jens war der Typ, der alles im Überfluss hatte: mehrere Wohnungen, mehrere Autos (natürlich schicke und schnelle und vor allem teure Wagen) und ja, mehrere
Frauen hatte er auch (die voneinander nur nichts wussten). Ein
Leben in Saus und Braus, teils ererbt, teils erarbeitet. Ein Leben,
von dem andere nur träumen! Bis auf eine Kleinigkeit: Jens war
nicht glücklich.

Wenn wir in unserer westlichen Gesellschaft an Erfolg denken,
denken wir gerne an Geld und Dinge, die man damit kaufen kann.
Hat jemand zahlreiche Immobilien, dann gilt er als erfolgreich. Ist
er der Chef einer Firma mit vielen Angestellten und schwarzen
Zahlen, gilt er als erfolgreich. Sehen wir auf Facebook Bilder mit
wunderschönen Menschen am Bilderbuchstrand, vermuten wir,
dass diese Menschen erfolgreich sind und über viel Geld verfü-
gen. Interessant ist nur, dass wir eines nicht als Erfolgsmaßstab
sehen: wie glücklich jemand ist. Das wäre uns in unseren Breiten-
graden wohl zu wenig, denn glücklich sein kann man auch ohne
Geld. Ohne harte Arbeit. Ohne Statussymbole. Sicherlich, wenn
wir einfach am alltäglichen Leben teilnehmen und unbeschwert
durch den Alltag kommen möchten, brauchen wir Geld. Außer,
wir steigen komplett aus wie Raphael Fellmer,[3] das geht natürlich
auch. Die meisten Menschen aber wünschen sich doch eher, die

3 Nachzulesen in seinem Buch: »Glücklich ohne Geld«, Redline Verlag, München
2013.

Taschen voller Geld zu haben und nicht darüber nachdenken zu müssen, was man sich mit dem entsprechenden Portemonnaie bei uns leisten kann. Daher werden reiche Menschen oftmals beneidet.

Nicht unbedingt zu Recht, wie unser Beispiel gleich zeigt:

Wieso genau war Jens denn nun nicht glücklich, obwohl er doch alles zu haben schien? Dazu müssen wir genauer hinschauen. Denn der Grund, weshalb Jens in Saus und Braus lebte, ist in seiner Vergangenheit zu finden und geht auf eine Fehlinterpretation seiner Lebensumstände zurück, wie es sie zuhauf gibt. In Jens' Fall war es das andauernde Gefühl, im Vergleich mit seinen Geschwistern immer der Geringere zu sein. Was immer er auch tat: In seinen eigenen Augen bekam er weniger Lob, weniger Anerkennung, war dümmer und nutzloser. Mit der Zeit wuchs in Jens ein riesiger Hass auf seine beiden Brüder. In ihm brannte nur noch ein Wunsch: Eines Tages würde er es ihnen zeigen! Er würde so reich und erfolgreich werden, dass die beiden sich jeden Tag im Vergleich mit dem mickrigen Leben, das sie selber erreicht hatten, würden schämen müssen.

Da du die Rachegeschichten schon verstehst, ahnst du ja, wie es gelaufen ist. Ja, Jens hatte es geschafft. Er ist reich geworden. Aber nicht glücklich. Seinen Brüdern war es immer recht egal, was er trieb, nicht einmal diese Befriedigung hatte er erfahren. Im Gegensatz zu Jens waren sie nämlich nicht von Neid zerfressen, sondern sie beschäftigten sich lieber damit, wie sie selber glücklich werden würden und was ihnen guttat. Die Prahlerei ihres kleinen Bruders war ihnen immer ein Rätsel.

Jens hatte lange gebraucht, sehr lange, um zu verstehen, dass er allein es all die Jahre gewesen war, der in Rivalitätsgedanken verstrickt war. Seine Brüder hatten das nie so gesehen. Es spielte für sie keine Rolle, ob Jens besonders reich war oder nicht. Sie selber waren mit ihren Leben zufrieden, wieso sollten sie sich dann für das Bankkonto eines anderen interessieren? Dafür erfuhr Jens, dass Reichtum, so üppig und vielfältig er auch sein mag, nie die Erfüllung bringt, wenn er nicht auf Freude basiert, sondern niedrig schwingenden Rachegefühlen entspringt. Erst als Jens verstand, dass er sich selbst Jahrzehnte lang in einem Turm aus Fehlinterpretationen gefangen gehalten hatte, und lernte, wie man sich daraus befreien kann (durch aufrichtige, dem Herzen entspringende Vergebung), fand er seinen Frieden. Danach war es ihm ein ehrliches Bedürfnis, einen Teil seines Vermögens zu spenden.

»Für mich gibt es einfach nicht den Richtigen!« – Beziehungslosigkeit als Rache

Kennst du das? Du bist alleine, verzweifelt, weil die Partnersuche einfach nicht das gewünschte Ergebnis liefert? Bist du schon so resigniert, dass du wirklich glaubst, dass es für dich einfach nicht den Richtigen[4] gibt? Warum? Liegt das daran, dass du schon so viele Frösche geküsst hast und nie ein Prinz mit dabei war? Oder hast du womöglich noch nie jemanden getroffen, der dein Herz wirklich berührt hätte?

Wie deine Geschichte auch immer aussehen mag: Ungewollte Einsamkeit ist selten genau das. Genau genommen: nie. Denn wir Menschen glauben fälschlicherweise, dass unsere Realität, so wie wir sie erleben, nicht dem entspräche, was wir eigentlich wollen. Vielmehr kann man nur dann wirklich grundlegend etwas ändern, wenn man für sich erkennt: »Würde ich es tief, tief in mir wirklich nicht genau so wollen, wäre es anders.« Das heißt, du hast immer eine Wahl. Entweder lernst du, diese wenig schmackhafte Sichtweise zu akzeptieren und in dir das zu lösen, was zu diesem jetzigen Zustand geführt hatte, oder du lernst, die jetzige Situation schlichtweg genau so zu lieben, wie sie ist.

---

4 Der Einfachheit halber bleiben wir im Folgenden bei »der Richtige«. Wer sich eine Frau an der Seite wünscht, denkt bitte einfach entsprechend »die Richtige« beim Lesen. ☺

In diesem Buch geht es um die erste Variante, so viel dürfte hier mittlerweile klar sein. Dafür braucht es, wie immer, Bewusstsein für das, was zu der momentanen Partnerlosigkeit geführt haben kann. Die Gründe dafür sind vielfältig und bei jedem Menschen anders. Einer der Katalysatoren für das unerwünschte Singledasein können verborgene Rachegelüste sein. Lies darum das folgende Beispiel, und erlaube dir, tief in dich hineinzuspüren und zu schauen, ob es einen Teil gibt, der mit dieser Geschichte in Resonanz ist. Oder aber, ob sich in dir ein starker Widerstand gegen die Möglichkeit zeigt, dass Rachegedanken die Ursache deines Singledaseins sein könnten. Widerstand ist immer ein Zeichen dafür, dass ein Nährboden für ein Thema besteht. Sonst könnte man beispielsweise den Beziehungsstatus einfach schulterzuckend in absoluter Ruhe so stehen lassen.

Antonia war Single. Das alleine war eine Tatsache. Für Antonia aber nicht. Denn wenn es ein Thema in ihrem Leben gab, das sie tagtäglich beschäftigte, dann das. Sie war es leid, alleine durch ihr Leben zu gehen, und das bereits seit vielen Jahren. Kartenleger hatte sie befragt, Handleser, Medien aller Art. Jeder von ihnen hatte ihr den Seelengefährten orakelt, und nichts davon war eingetroffen. Und wenn doch, dann war es umso schlimmer, weil sie mit ihrer Euphorie über den neuen Mann in ihrem Leben herfiel und die armen Kerle jedes Mal heillos überforderte. Tatsächlich gibt es nur wenige Männer, die es gerne mögen, wenn sie als Erfüllung bislang unterfüllter Träume herhalten sollen, auch wenn es am Anfang schmeichelhaft erscheinen mag.

Da Antonia sich seit einiger Zeit auch mit dem »Gesetz der Resonanz« beschäftigte, wurde ihr langsam klar, dass sie anscheinend nicht das aussandte, was den Mann ihrer Träume anziehen würde. Dabei hatte sie doch schon alles versucht! Partnerbörsen, online wie offline, Zeitungsinserate, ja, sogar Speeddatings für Ü40er hatte sie schon besucht. Dafür war sie extra 67 Kilometer in die nächstgrößere Stadt gefahren. Nur um sich vorzukommen wie auf dem traurigen Fest der Reste. Nein, so verzweifelt wie all die anderen Teilnehmer dort war sie nun wirklich nicht! Oder etwa doch?

Als Antonia endlich den Mut gefunden hatte, sich wirklich helfen zu lassen, war sie entsetzt, als sie von ihrem Coach zu hören bekam, dass sie allem Anschein nach Single sein WOLLTE. Am liebsten wäre sie aufgestanden, hätte ihrem Gegenüber die Augen ausgekratzt und wäre dann hocherhobenen Hauptes durch die Tür hinaus, um nie wieder auf so eine seltsame Menschenköderei hereinzufallen. Irgendetwas hielt sie aber davon ab. Stattdessen schluckte sie die bittere Pille und zwang sich, zuzuhören.

Als die Sprache recht rasch auf ihre Eltern kam, stöhnte sie auf. War sie etwa bei einem dieser nervigen Psychologen gelandet, die alles auf irgendwelche Kindheitsgeschichten zurückzuführen versuchten? Sie hatte keine verkorkste Kindheit. Allenfalls verkorkste Eltern. Damit war sie aber immer recht gut zurechtgekommen. Wenn ihre Eltern stritten, zog sie sich in ihr Prinzessinnenzimmer zurück und wartete, bis der Sturm wieder vorbei war. Eines Tages ging das recht rasch. Als sie nach unten kam, war ihr Vater verschwunden. Und seither hatte sie ihn nie wiedergesehen. Natüüüüürlich (das Ü zog sie bewusst sarkastisch in die Länge, als sie davon erzählte) könne man jetzt ihre Beziehungsprobleme darauf zurückführen. Aber sie habe ihrem Vater vergeben. – Wer hätte es ihm verübeln können? – Immerhin sei ihre Mutter eine Frau, mit der sie auch nicht hätte zusammen sein wollen. Leider habe sie das nun einmal 18 Jahre lang tun müssen. Nein, einen Groll auf Männer habe sie nicht, im Gegenteil! Darum wolle sie ja einen.

Entgegen Antonias Erwartung beharrte der Coach ihr gegenüber nicht darauf, über ihren abwesenden Vater zu sprechen. Stattdessen wollte er wissen, wieso Antonia der Meinung sei, dass es so natüüüüürlich sei, dass man mit ihrer Mutter nicht zusammen sein wollte.

»Ach, jetzt kommen Sie mir mit dem Spiegeln, nicht wahr? Sie wollen mir sagen, dass ich in Wahrheit nicht mit mir zusammen sein wollte, richtig?« Befriedigt über ihre eigene Klugheit war Antonia erneut im Begriff, die Praxis verlassen zu wollen. Doch ihr Coach überraschte sie ein weiteres Mal. Nein, darum gehe es nicht, man könne sich jedoch darüber unterhalten, falls sie möchte. Nein, das wolle Antonia sicher nicht. Langsam aber wuchs ihre Neugierde. Worauf wollte diese Person hinaus?

Eine halbe Stunde später war es Antonia klar. Und die Wahrheit traf sie mitten ins Gesicht. Bislang hatte sie ihre Mutter dafür verachtet und gehasst, dass sie mit ihrer unerträglichen Art ihren Vater vertrieben hatte. Nun konnte sie sehen, dass ihre Mutter immer Schuldgefühle gehabt hatte, weil Antonia ohne Vater aufwachsen musste. Kindheitserinnerungen sah sie mit einem Mal in einem völlig anderen Licht. Nachdem sie ihren Groll bearbeitet hatte, erkannte sie, dass ihre Mutter nicht erbarmungswürdig schwach gewesen war, sondern einfach zutiefst unglücklich, und dass sie keine Ahnung gehabt hatte, wie sie aus dieser Misere einen Ausweg hätte finden können. Sie hatte immer nur einen Wunsch gehabt: dass ihre Tochter einmal ein besseres Beziehungsleben führen würde als sie. Antonia erinnerte sich daran, wie oft ihre Mutter das zu ihr gesagt hatte und wie eindringlich sie sie dabei angesehen hatte. Sie spürte, dass ihre Mutter erst dann wieder hätte glücklich werden können, wenn ihre Tochter einen Mann an ihrer Seite gehabt hätte, der zuverlässiger gewesen wäre als ihr Vater.

Tatsächlich war es ja genau das, was Antonia auch wollte. Allerdings wollte sie eines noch mehr als das: nämlich sich an ihrer Mutter rächen. Dafür, dass sie schuld daran war, dass Antonia ohne ihren Vater hatte aufwachsen müssen. Und wie hätte sie ihre Mutter besser bestrafen können als dadurch, ihr ihren größten Wunsch nicht zu erfüllen? Dadurch war tief im Inneren von Antonia ein sehnlicher Wunsch erwachsen: »Auf keinen Fall ziehe ich mir einen großartigen Mann in mein Leben. Das gönne ich meiner Mutter nicht!« Dumm nur, dass sie damit allein sich selbst seit vielen, vielen Jahren bestrafte und dass darüber hinaus dieser Entschluss so fest in ihr eingebrannt war, dass er sogar den Tod ihrer Mutter schon lange überdauerte.

Antonia benötigte eine Weile, bis sie dazu bereit war, so tief in sich vorzudringen und den Groll auf ihre Mutter wirklich loszulassen. Rache kann sehr tief sitzen, und sie erscheint so süß, dass wir ihre Bitterkeit, die unseren Körper und unseren Geist vergiftet, nicht erfassen können. Als Antonia aber so weit war, kehrte ein unbeschreiblicher Friede in ihr ein. Dieser Friede war so groß, dass sie davon ablassen konnte, um jeden Preis endlich einen Partner zu finden. Dadurch strahlte sie etwas völlig Neues aus: Unabhängigkeit. Und die wiederum macht … attraktiv.

»Mama, Papa, das ist mein Freund!« – Partnerwahl als Rache

Ich weiß ja nicht, wie es dir bei deiner Partnerwahl so ergangen ist bzw. geht. Vielleicht ging es dir ja wie mir in meiner Jugend, und du hattest auch so einen Vater, der dir sagte, dass du jeden Freund mit nach Hause bringen könntest. Außer … na ja, wir müssen uns jetzt nicht darüber unterhalten, was bei meinem Vater genau »die Ausnahme« gewesen wäre. In jedem Fall kann ich dir sagen: Seine »Ausnahme« mit nach Hause zu bringen, wäre zweifelsfrei eine klare Form von Rache gewesen. Außer natürlich, die Wahl hätte auf Liebe meinerseits zu dem Mann basiert.

Ich will aber nicht allzu streng sein, weder mit mir noch mit meinem Vater, dem ich im Übrigen immer wieder mal gedroht hatte, dass ich, wenn er so weitermachen würde, genau diese Art von Mann mit nach Hause bringen würde. Man kann seine früheren Rachewünsche also durchaus mit einem Augenzwinkern betrachten. Zumindest sofern sie heute das eigene Glück nicht mehr beeinflussen.

Eines aber habe ich nie getan: nämlich meine Drohung wahr gemacht. Das allerdings hat weniger etwas damit zu tun, dass ich womöglich meinen Vater hätte bestrafen wollen oder nicht, als vielmehr damit, dass ich mich einfach nicht in einen Mann verliebt hatte, der in diese Anti-Kategorie meines Vaters gepasst hätte.

Tatsächlich gibt es aber Menschen, die genau das tun, nämlich sich einen Partner suchen, mit dem sie andere Menschen bestrafen können. Oder zumindest glauben, dass sie das tun könnten. Schauen wir uns doch einmal so ein Beispiel an:

Thomas litt. Und das nicht gerade wenig. Seine Beziehung war alles andere als glücklich. Mit seiner Frau lebte er nun schon seit zwölf Jahren zusammen, und in jedem Jahr hatte er darüber nachgedacht, die Ehe zu beenden. Immer wieder hatte er in Gedanken seinen Koffer gepackt, immer wieder hatte er in Gedanken eine andere Frau gefunden, immer wieder hatte er in Gedanken … nur wahr gemacht hatte er nichts davon. Nun kann man natürlich sagen, dass Thomas etwas für seine Ehe hätte tun müssen. Dass er sich um seine Frau hätte bemühen können. Dass er immer wieder das Gespräch mit ihr hätte suchen müssen. Allerdings hat es einen etwas tieferen Grund, warum Thomas mit genau dieser Frau eine Beziehung eingegangen war und diese bis heute aufrechterhielt. Und dieser Grund hatte weniger mit seiner Frau als vielmehr mit der Beziehung zu seinem Bruder und seinen Eltern zu tun.

Sein älterer Bruder war das, was man ein Vorzeigekind nennen könnte. Robert hatte immer schon alles richtig gemacht. Robert war ausgezeichnet in der Schule gewesen. Als er alt genug war, lernte er ein sehr nettes Mädchen kennen, mit dem Thomas und Roberts Eltern absolut einverstanden waren. Tatsächlich heiratete er sogar diese erste Freundin, und sie führen bis heute eine glückliche Ehe. Keine Skandale. Keine Spur von Schwierigkeiten. Und dazu dieses freundliche Gemüt, das Robert überall beliebt machte. Nun könnte man sich ja für seinen großen Bruder freuen. Nicht so Thomas. Leider entsprach Thomas eher der Kategorie »Problemkind«. Und anstatt sich von Robert inspirieren zu lassen, wuchs und wuchs in Thomas die Wut auf seinen Bruder, da dieser so beliebt war. Da dieser immer Erfolg hatte. Da diesem anscheinend das Glück immer in den Schoß fiel. Neid war Thomas' Krankheit. Und im Zorn zu versinken und nur Pläne zu schmieden, wie er Robert und seinen Eltern diese ganze Schmach heimzahlen könnte. Selbstverständlich fühlte sich Thomas absolut im Recht, weil er meinte, immer nur zweitklassig behandelt worden zu sein. In seiner eigenen Welt war Thomas ein Opfer, seine Eltern und sein Bruder die Täter.

Eine Möglichkeit, seine Familie zu bestrafen, fand Thomas darin, in der Schule richtig schlecht zu sein und so viele Verweise wie nur möglich zu kassieren. Dafür schämten sich seine Eltern, was ihm wiederum eine Genugtuung war. Eine andere Gelegenheit bot sich darin, nur Mädchen mit nach Hause zu bringen, über die seine Eltern sich aufregten. Dabei machte es ihm selber nicht einmal immer Spaß, mit diesen Mädchen Zeit zu verbringen. Allerdings heiligt der Zweck ja bekanntlich die Mittel. Irgendwann begriff Thomas gar nicht mehr, was er da eigentlich tat. Er tat es einfach. Also kam es, dass er sich eine Frau aussuchte, mit der er selber zwar nicht wirklich glücklich war, aber zumindest war der Rest seiner Familie mindestens ebenso unglücklich. Von außen betrachtet erscheint das wenig sinnvoll. Aber wenn du bis hierher gelesen hast, wirst du verstehen, dass Rache selten etwas Rationales und Vernünftiges ist. Nein, das ist falsch ausgedrückt. Rache ergibt niemals Sinn.

Natürlich bestand auch hier der Ausweg darin, sich der Situation erst einmal bewusst zu werden. Erst nachdem Thomas sich darüber klar geworden war, was er da eigentlich seit Jahrzehnten getan hatte, konnte er eine neue Entscheidung treffen. Nur wer versteht, dass die eigene Realität so furchtbar ist, weil man sie aus Rachemotiven selbst so erschaffen hat, der kann sich für ein glückliches Leben entscheiden.

Nun wirst du aufgrund dieser vielen Beispiele sicherlich sehr klar erkennen, dass Rache der Urgrund aller Probleme im Leben sein kann. Natürlich gibt es auch noch andere Ursachen. Doch gerade Rache wird nur schwer erkannt, weil man sich selber sehr ungern eingesteht, dass man sich das Leben aus niederen Beweggründen selber zur Hölle macht. Wenden wir uns nun zwei letzten Beispielen zu.

»Das verzeihe ich dir nie!« – Hass und Wut als Rache

Es gibt Themen im Leben, die man sehr schnell bereinigen kann. Das reine Bewusstsein dafür, warum eine Situation so ist und dass sie so ist, reicht hier schon aus. Dann wiederum gibt es Themen, mit denen man vermutlich etwas länger beschäftigt ist. Auch damit kenne ich mich sehr gut aus.

Viele Jahre lang habe ich mich mit einem tief sitzenden Trauma in meinem Leben beschäftigt. Ich merkte, dass meine Bemühungen nicht umsonst waren. Ich wurde Stück für Stück freier. Doch der große Durchbruch schien mir nicht zu gelingen. Heute weiß ich, dass das ein Irrtum war. Ich musste mit viel Geduld Schicht um Schicht freilegen und mich so langsam dem tiefsten Schmerz annähern. Außerdem musste ich die Reife haben, um meine »schreckliche Geschichte« aus einem ganz anderen Blickwinkel als aus dem des Opfers sehen zu können. Wenn ich heute manchmal auch auf Vorträgen davon erzähle, sind immer Menschen im Publikum, die erkennbar unruhig werden, wenn ich von meiner heutigen Sichtweise auf die Dinge spreche, die sehr viel umfassender ist als die eines reinen Opfers. Was bekomme ich dadurch nicht mehr? Aufmerksamkeit und Mitleid. Die Aufmerksamkeit und das Mitleid, das nur Opfer tragischer Geschichten bekommen. Wenn ich überhaupt darüber spreche (ich habe, ehrlich gesagt, keine Lust mehr, über diese ollen Kamellen zu sprechen), dann tue ich das nur, um bei den Menschen Bewusstsein zu wecken. Manche Menschen werden aber ungern geweckt. Das macht nichts, denn ich muss nicht von jedem gemocht werden. Und dass mich die Egos mancher Menschen nicht mögen, das stört mich überhaupt nicht. Kommen wir nun aber dazu, wie es mir gelang, ein jahrzehntelanges Trauma endgültig loszulassen und in eine Geschichte, auf die ich eine neutrale Sichtweise habe, zu verwandeln.

Es mutet etwas seltsam an, dass man ein Thema in seinem Leben schon so oft bearbeitet hat und es einen immer noch nicht loslässt. Dabei liegt allein in diesem Satz bereits der Fehler: Es ist nicht die Geschichte, die dich nicht loslässt. Du bist es, der sie nicht loslässt. In meinem Fall hatte ich die schreckliche Geschichte deshalb nicht losgelassen, weil ich es genossen hatte, Opfer zu sein. Opfer zu sein hat viele Vorteile. Neben der bereits erwähnten Aufmerksamkeit und dem Mitleid gibt es einem vermeintlich das Recht, auf andere wütend zu sein und sie schlecht zu machen. Das wiederum wertet einen selbst auf (man ist ja ein besserer Mensch als die anderen). Je höher die Sünden der Menschen im eigenen Umfeld anzusetzen sind, umso höher kann man den Sockel der Tugend bauen, auf dem man selber steht. Natürlich völlig zu Recht. Sagt das eigene Ego zumindest.

Einige Jahre hat es gedauert, bis ich auf diese Spiele keine Lust mehr hatte. Es hat auch lange gedauert, bis ich kein Interesse mehr am Mitleid anderer hatte. Im Grunde war ich längst frei. Und dennoch holte mich die Geschichte immer wieder ein. Ich kam mir wie in einer Spirale gefangen vor. Also schien es ein Puzzleteil zu geben, das ich bis dahin übersehen hatte.

Endlich kam der Tag, an dem ich verstand, was mich gefangen hielt. In einer langen, tiefen Meditation wurde mir bewusst, dass ich das, was mir angetan worden war, für unverzeihlich hielt. Das war der Casus knacksus. Der Satz »Das verzeihe ich dir nie!« war der Grund dafür, dass mich die Geschichte noch gefangen hielt. Ich war nicht gewillt, zu verzeihen. Mein innerer Rechthaber wollte natürlich recht haben, und deshalb war die Geschichte für mich unverzeihlich. Zu Recht! Zum anderen gab es meinen inneren Richter, der wie ein Gott über alles und jeden sein Urteil sprach, und der genau wusste, was auf dieser Welt Recht und was Unrecht war. Und diesen Fall stufte er als unverzeihliches Unrecht ein, was meinem Rechthaber mehr als gut gefiel. Als mir das bewusst wurde, verstand ich mit einem Mal aus der Tiefe meines Herzens heraus, warum ich in dieser Spirale des Leidens immer noch gefangen war. Ich wollte nicht verzeihen. Ich wollte das Unverzeihliche nicht verzeihen. Und das würde mir so lange nicht gelingen, solange ich es als unverzeihlich einordnete. Nun kann man darüber streiten, ob das, was dann während meiner Meditation geschah, real war bzw. ist oder nicht. Mir persönlich ist das völlig egal. Denn es hat mir geholfen. Du möchtest vermutlich wissen, welche innere Erkenntnis das war. Ich fragte mich in dieser tiefen Meditation, wo der Ursprung meines Erlebens lag. Da tauchten mit einem Mal ganz andere Bilder auf. Sie zeigten mich in der umgekehrten Rolle. Es fühlte sich an wie ein Bild, eine Szene aus einem anderen Leben. Hier war ich nun der Täter, und der Täter aus diesem Leben war das Opfer. Vertauschte Rollen. Als ich dieses Bild sah, zerbrach es mir das Herz. Nicht etwa, weil ich mir so leidgetan hätte. Nein, eine tiefe Reue erfasste mich. Es fühlte sich für mich so an, als könnte hier und jetzt eine Geschichte langen Leidens, eine lange Leidensspirale, ein Ende finden. Es lag allein in meiner Hand, ob diese Spirale weitergehen würde oder nun vorbei wäre. Der Schlüssel? Meine Vergebung. Und meine Bitte um Vergebung für das, was ich bewusst oder unbewusst schon anderen Menschen an Leid dieser Art zugefügt hatte.

Wir neigen aus einem bestimmten Grund dazu, uns selbst immer in der Rolle des Opfers zu sehen. Dass wir selber schon sehr oft anderen Menschen Unrecht getan haben, sie beleidigt, verletzt, verachtet oder missbraucht haben, das blenden wir aus. Es wäre für uns unerträglich, uns so zu sehen. Wieso? Weil wir genau für diese Taten andere ständig verurteilen. Und weil wir Angst haben, dass andere es uns gleichtun, wenn wir uns so verhalten.

Das alles wurde mir mit einem Mal aus der Tiefe meines Herzens bewusst. Die Tränen liefen mir über die Wangen. Tränen der Reue, mit dem tiefen Wunsch nach Vergebung. Ich bat innerlich darum, all die Menschen vor meinem inneren Auge sehen zu können, die ich jemals verletzt hatte. Ein unendlich großes Meer an Menschen zeigte sich mir, sodass ich noch mehr weinen musste. Es war wichtig, mich nicht wieder dafür zu verurteilen, dass ich bewusst oder unbewusst so vielen schon Leid zugefügt hatte. Vielmehr ging es darum, um Verzeihung zu bitten. Dies brachte mir eine große Erlösung, weil es mein aufrichtiger Wunsch war, zu vergeben. Den Schluss bildete meine Vergebung gegenüber meinem Peiniger aus diesem Leben. Auch das war keine Floskel, denn diese Vergebung entsprang direkt meinem Herzen. Das macht den Unterschied aus. Viele Menschen vergeben im Kopf. Es gelingt ihnen aber nicht, wirklich zu vergeben. Wahrhaftig zu vergeben. Weil sie nicht erkennen, dass sie selber weder besser noch schlechter sind als jeder andere Mensch, den sie wahrnehmen.

Erinnern wir uns wieder an die weisen Worte Buddhas, dass der Hass auf andere wie ein Stück glühender Kohle in der eigenen Hand ist, das man in der Absicht festhält, es nach dem anderen zu werfen. Am Ende verbrennt man sich damit nur selbst. Genauso war es mir ergangen. Der Satz »Das verzeih ich dir nie!« hatte dazu geführt, dass ich über Jahrzehnte gefangen gewesen war. Nur ich selbst konnte mich befreien. Und dieses wunderbare Gefühl, verzeihen zu können, erfüllt mich und mein Herz bis heute mit unendlichem Frieden. Wenn man das einmal verstanden und erfahren hat, wird es immer leichter.

Es mag viele Wege geben, wie du lernen kannst, wirklich zu verzeihen. Was es allem voran braucht, ist ein Bewusstsein dafür, was und wem du noch nicht verziehen hast. Wenn du dann noch sehen kannst, was du dir selber antust, jeden Tag, indem du an dieser Geschichte festhältst, steigt die Wahrscheinlichkeit, dass du nicht zu den Menschen gehörst, die sagen: »Nur über meine Leiche!« Das wünsche ich dir von Herzen.

»Das Universum gleicht alles aus!« – Karma als Rache

Kommen wir nun zu einem Rachemuster, das mir zum ersten Mal in all seiner Klarheit auf Facebook begegnete. Eine Frau, die sich selber als sehr spirituell bezeichnet, hatte ein Bild geteilt. Darauf stand: »Wenn dir jemand etwas angetan hat, lehn dich zurück, und schau genüsslich zu. Das Karma erledigt das für dich.« Dieser Post hatte, und das überraschte mich nicht wirklich, zahlreiche Likes. Und auch einige Kommentare, ebenfalls von »sehr spirituellen« Menschen, die diesen Post großartig fanden und ihn gerne teilten.

Nun ist es so, dass ich in solchen Momenten kaum anders kann, als auch zu kommentieren. In diesem Fall schrieb ich: »Auch eine schöne Möglichkeit, den eigenen Wunsch nach Rache spirituell zu verpacken.« Ich weiß leider nicht mehr, ob es darauf Reaktionen gab. Es ist auch völlig egal. Wichtig ist, dass DU hier und jetzt verstehst, dass es keine Rolle spielt, wie spirituell, sexy oder klug es scheinen mag, was man von sich gibt: Wenn sich dahinter ein Wunsch nach Vergeltung bzw. Rache verbirgt, kann dich das nicht glücklich machen!

 **Der Wunsch nach Rache kann nicht im gleichen Augenblick wie ein Wunsch nach Frieden, Freiheit sowie Glück bestehen.**

Das ist die wichtigste Erkenntnis, die du haben kannst!

Wenn du Karma als Idee missbrauchst, um anderen »verdient« die Pest an den Hals zu wünschen, macht es das kein bisschen besser. Denn was in diesem Universum wirklich zählt, ist die Absicht. Und auch wenn du es vor dir selber kaschieren kannst, dass du in Wahrheit niedrige Beweggründe hast, so wird sich das Leben von deinen Worten nicht täuschen lassen. Es kennt dein tiefstes Inneres. Das solltest du auch. Deshalb ist eine der wichtigsten Aufgaben auf dieser Welt, immer wieder einmal die Augen zu schließen und nach innen zu horchen. Viele Menschen fürchten das. Wieso? Weil sie wissen, dass sie sich dort selbst begegnen. Dass sie sich dort nichts vormachen können. Dass sie dort das vorfinden, was sie im Außen ablehnen. Dabei gibt es nichts, was befreiender ist, als sich selbst zu erkennen. Schritt für Schritt, unaufhörlich. Unausweichlich. Unglaublich wunderbar. Alles, was wir tun müssen, um in uns Frieden zu finden, ist, dem inneren Richter die fristlose Kündigung auszusprechen. Dann werden wir erkennen, dass wir immer unschuldig waren, wie auch alle anderen um uns herum.

Egal, mit welchen Worten du es auch verpackst: Das Universum lässt sich über deine innere Absicht nicht hinwegtäuschen! Sprüche wie: »Lehn dich zurück, und schau zu, wie das Karma das für dich erledigt!« zeugen von einem Rachewunsch. Dieser kann dich nie glücklich machen, denn er verhindert dein Glück und produziert stattdessen Unglück in deinem eigenen Empfinden.

WARUM **RACHE** EINFACH NIE FUNKTIONIEREN KANN,
wie gut sie sich auch anfühlen mag

Da die Aussage so wichtig ist, möchte ich sie an dieser Stelle gern noch einmal wiederholen:

 Rache und Glück können niemals koexistieren.

Du kannst nicht in ein und demselben Moment Rachegefühle haben und glücklich sein. Du kannst nicht Groll in deinem Herzen tragen und gleichzeitig die Fülle des Lebens uneingeschränkt genießen. Du kannst nicht den Hass auf jemanden pflegen und gleichzeitig das Wunder der Liebe erleben. Nicht, weil dich jemand bestrafen möchte, sondern weil es sich hierbei um schlichte und wertvolle Naturgesetze handelt, die funktionieren. Was bedeutet »funktionieren«? Es bedeutet, dass das Gesetz der Resonanz immer und überall greift. Dass das, was du aussendest, auch das ist, was du erntest. Dass das, was du jetzt in diesem Moment erntest, die Frucht einer früheren Saat ist. Dass das, was du heute säst, die Früchte deiner Zukunft bringen wird. Du kannst nicht Weizenkörner säen und erwarten, dass du Äpfel ernten wirst. Sicherlich leuchtet dir dieses Beispiel ein. Du kennst das Prinzip auch aus der Natur. Ebenso verhält es sich mit dem, was du bewusst wie auch unbewusst aussendest. Wenn du tief in dir Rachegefühle hast, ist das das, was du aussendest. Dementsprechend kannst du nicht uneingeschränkt Liebe, Fülle, Anerkennung, Geborgenheit, Freiheit oder Freude ernten. In irgendeiner Form wird deine Ernte Rache, Missgunst oder Neid beinhalten. Es ist deine Wahl. Wähle weise! Und entscheide dich gegebenenfalls neu. Für die Liebe. Für die Vergebung. Für Frieden und Freiheit!

Macht und Kunst der wahren Vergebung

Warum ein »Ich verzeihe dir« nicht reicht

An dieser Stelle möchte ich noch einmal betonen, dass Vergebung nicht bedeutet, einfach den Satz »Ich verzeihe dir!« auszusprechen. Das ist etwas, was ich »Kopfvergebung« nenne. Es ist ein guter erster Schritt, die Absicht zu haben, zu vergeben. Dabei musst du diese Vergebung nicht immer an einen Menschen richten. Man kann auch einer Situation vergeben. Einem Schicksalsschlag. Gott. Dem Leben. Was es auch immer ist, gegen das du einen Groll hegst. Ich würde dir nun gerne ein einfaches Patentrezept dafür geben, wie du aus dem Herzen heraus verzeihen kannst. Aber das kann ich nicht. Ich habe ein Patentrezept, das mir immer hilft, in jeder Lebenslage. Es lautet: Ich beobachte alles, was in mir ist, mit Gleichmut. Klingt sehr einfach? Ist aber eine der schwersten Übungen für uns Menschen. Weil wir eben diesen inneren Richter haben. Und weil wir bestimmte Dinge nicht fühlen möchten. Gib dich dieser Übung hin! Lerne sie! Meistere sie! Dafür kann ich dir nichts Besseres empfehlen als Vipassana[5]. Vereinfacht gesprochen geht es bei dieser Technik darum, dass du die Augen schließt und beobachtest, was in dir gerade geschieht und wie es sich (auf körperlicher Ebene) anfühlt. Und es genau so zu akzeptieren, wie es ist, Schmerzen eingeschlossen.

Eines meiner großartigsten Erlebnisse hatte ich, als es mir während einer Vipassana-Meditation gelang, meine enormen Rückenschmerzen durch das tagelange Sitzen im Schneidersitz auf dem Boden wirklich mit Gleichmut zu beobachten. Ich konnte so hinter den Schmerz blicken und lehnte ihn nicht mehr ab. So kam ich in den Genuss, meine Schmerzen mit Faszination zu beobach-

---

5 Aktuell arbeite ich an dem Buch »Mission: Ruhe im Karton!«, das dir erzählen wird, wie diese Meditation mein Leben grundlegend verändert und mich u.a. zur Autorin gemacht hat. Auch die verborgenen Rachemuster habe ich so kennen- und lösen gelernt.

ten, und sie störten mich nicht mehr, im Gegenteil: Ich erfuhr sie als eine Art Ästhetik. Ich fand sie interessant. Und das meine ich völlig ernst! In diesem Moment litt ich nicht mehr unter ihnen. Sie waren da, aber sie plagten mich nicht mehr.

Nur wer so etwas auch schon einmal erlebt hat, kann verstehen, was ich damit meine. Was im Übrigen für alles gilt: Theoretisch können wir die Dinge nie wirklich verstehen. Wir brauchen das Erleben, das Erfahren, das uns wirklich lehrt. Unsere Erzählungen über subjektive Erfahrungen können anderen niemals die eigene Erfahrung ersetzen. Sie können bestenfalls dazu motivieren, es selbst auch einmal zu erfahren.

Dazu möchte ich dich nun ermuntern. Begib dich auf den Weg, der dich zu wahrer Vergebung führt. Es gibt nichts Besseres! Und wenn du nicht weißt, wie das gehen soll, dann triff in jedem Fall die Entscheidung dafür! Entscheide dich dafür, dass du es lernst, auch wenn du heute noch nicht weißt, wie das gehen soll.[6] Eine Kopfvergebung bringt deshalb nichts, weil dein Schmerz nicht im Kopf, sondern in deinem Herzen zu Hause ist. Darum kann er auch nur dort geheilt werden.

---

6 Um zu lernen, wie du machtvoll entscheiden kannst, empfehle ich dir mein Buch »Mit aller Macht Entscheidungen treffen«, erschienen im Schirner Verlag.

Vom Lohn des Dranbleibens

Ich kenne viele Menschen, die sagen: »Ach, ich habe meinem Vater/meiner Mutter schon so oft vergeben, das bringt nichts!« Ja, das stimmt, solange es Kopfvergebungen sind. Und weißt du was? Es ergibt überhaupt keinen Sinn, dich selbst dafür zu verurteilen, dass es dir bis heute nicht gelungen ist, wahrhaft zu vergeben. Akzeptiere es! Akzeptiere, dass es einen Teil in dir gibt, der es genießt, Rachegefühle zu haben. Ja, das ist so. Je weniger du dich dafür verurteilst, umso schneller wirst du zum Ziel kommen. Vergiss nicht: Ich habe viele Jahre gebraucht, um das alles zu erkennen. Und ich schreibe dieses Buch, um es dir leichter zu machen und womöglich deinen Weg hin zum Frieden zu beschleunigen. Diese Worte hier zu lesen, ersetzt aber nicht deine eigene Erfahrung. So ist das nun einmal im Leben. Wenn du dich darüber aufregst, erschaffst du dir nur neues Leid. Denk daran: Was du heute säst, wirst du später ernten. Bleib dran! Gib nicht auf, Mensch! Es gibt einen Ausweg. Es gibt einen Weg, der besser ist. Und die Tatsache, dass du bis hierher gelesen hast, zeigt, dass du für diesen besseren Weg bereit bist. Auch wenn du das Ziel noch nicht sehen kannst. Bleib dran! Und du wirst deinen Lohn erhalten. Du wirst mehr und mehr ernten, was du dir wirklich wünschst, weil du mehr und mehr dazu in der Lage bist, genau das zu säen.

Und es ward Frieden auf Erden und darum in dir (oder andersrum)

Neulich habe ich ein Bild auf Facebook gepostet. Darauf waren viele Medikamente abgebildet, und jedes davon hatte einen anderen Zweck. Mit der einen Pille würdest du Weltfrieden erzeugen. Mit der anderen könntest du jedes Jahr eine Million Euro haben. Wieder ein anderes Medikament könnte dafür sorgen, dass du mit Tieren sprechen könntest. Und es gab auch eine Pille, mit der du einen Wunsch frei hättest. Neben diesen Möglichkeiten gab es auch noch viele andere. Meine Facebookfreunde haben sich zu einem großen Teil für Weltfrieden entschieden. Ich bewerte das nicht. Ich verstehe auch jeden, der sich für die Million entscheidet. Jeder darf das haben, was ihn glücklich macht, oder? Erstaunlich finde ich an der Wahl des Weltfriedens, dass es anscheinend sehr viele Menschen gibt, die glauben, es bräuchte wirklich eine Wunderpille dafür. Ich glaube etwas ganz anderes. Ich glaube, dass Weltfrieden in dem Moment entsteht, in dem du deine Welt in Frieden bringst. Dazu gehören einige Dinge.

Mir zum Beispiel bringt es sehr viel Frieden, mir neben meiner inneren Arbeit keine Fernsehnachrichten mehr anzusehen oder zumindest nur sehr selten. Es mag nun viele Menschen geben, die mir an dieser Stelle vorwerfen werden, dass ich so weltfremd werden würde. Man könne doch nicht die Augen vor den Tatsachen verschließen. Das Lustige ist, dass genau darin der Schlüssel liegt:

Wenn ich meine Augen vor den Tatsachen verschließe, schließe ich die Augen und bin damit der Realität ein ganzes Stück näher, weil ich endlich in mein Inneres schaue, anstatt mich im Außen abzulenken. Und glaub mir, ich bekomme trotzdem noch jede Menge von dem mit, was auf unserem Planeten so passiert. Es ist in mir nur sehr viel friedlicher, wenn ich diese Dinge nur lese oder maximal im Radio höre, als wenn ich sie durch schreckliche Bilder direkt in mein Unterbewusstsein lasse.

Für dumm oder schlecht informiert halte ich mich keineswegs. Dafür bin ich heute ein wesentlich friedlicherer Mensch als früher. Das wiederum wirkt sich auf mein Umfeld aus. Ich strahle mehr Ruhe, mehr Gelassenheit aus, und ich kann den Menschen Lösungen anbieten, weil ich sie erfahren habe. Bin ich deshalb eine Heilige? Um Himmels willen, nein! Wenn ich nur daran denke, muss ich laut lachen. Ich bin nicht mehr oder weniger heilig als jeder andere Mensch auch. Ich erinnere mich nur ein wenig mehr als die meisten anderen an meinen Wesenskern. Und ja, ich glaube, dass ich damit einen guten Beitrag zum Weltfrieden leiste. Meine Welt ist friedlicher geworden. In meiner Welt gibt es heute mehr gütige Menschen, mehr Menschen, die bereit sind, an sich zu arbeiten. Mehr Liebe. Mehr Vergebung. Mehr Lachen und mehr Spaß. Ja, ich erlebe, dass Weltfrieden wirklich in uns beginnt. Und sich von dort aus ausbreitet. Darum würde ich diese Pillen nicht nehmen. Denn ich bin ein Freund von Nachhaltigkeit und nicht davon, die Symptome mit Medikamenten zu überdecken.

Solltest du irgendwann die Pille erfinden, die dazu führt, dass alle Menschen wirklich Frieden in sich fänden, einfach durch diese Pille, und das wahrhaftig, dann sind wir im Geschäft. Ich würde mich freuen, wenn du mich eines Besseren belehrtest und diese Erfindung in die Welt brächtest. Bis dahin mache ich damit weiter, die Menschen dazu zu ermuntern, die Augen zu schließen und Frieden in sich herzustellen. Deal?

Wie Vergeben auch noch glücklich machen kann

Ich möchte dir gerne noch eine weitere Bedeutung von »Vergeben« nahebringen, die dir auch dabei helfen wird, glücklicher zu werden. Du kennst ja viele weitere Wörter, die mit »ver-« beginnen. Diese Vorsilbe im Deutschen bedeutet, dass man etwas weggibt. Indem du etwas weggibst, ver-gibst du es also. Es befreit ungemein, sich von Dingen zu trennen. Kennst du das Lied »Leichtes Gepäck« von Silbermond? Dieser Song bringt das wunderbar zum Ausdruck. Er zeigt, was wir alles mit uns rumschleppen, obwohl wir doch 99 Pronzent von diesen Dingen gar nicht brauchen. Wenn du schon einmal deinen Kleiderschrank ausgemistet hast, weißt du sicherlich, was ich meine. Dabei gilt das nicht nur für Klamotten. Dinge wegzugeben macht frei. Zum einen schafft es mehr Platz, zum anderen heilt es uns von der Idee, dass wir bestimmte Dinge bräuchten, um glücklich zu sein. Wir sind von so vielem abhängig und merken es nicht. Das macht unfrei.

Dazu habe ich hier eine schöne Übung für dich:

ÜBUNG: Verzicht

Auf was möchtest du auf keinen Fall verzichten? Mach dir das bewusst. Und dann ver-gib es. Schenke es einem anderen Menschen, der es wirklich brauchen kann. Nicht weil du freier sein wirst, sondern weil du durch deine Tat das Leuchten in seinen Augen sehen wirst. Weil du dann die Chance hast, zu erleben, was es bedeutet, einen anderen Menschen glücklich zu machen. Denn einen anderen Menschen glücklich zu machen, das heißt immer, sich selbst glücklich zu machen. Wenn wir großzügig sind, ist das ein sehr egoistischer Akt. Und das ist gut so. Je häufiger du das erlebst, umso leichter wird es dir fallen, weniger auf deine Bedürftigkeit als vielmehr darauf zu achten, was andere um dich herum brauchen. Glaub mir, das wird dich reicher machen. Freier. Von Frieden erfüllt. Und ja, du darfst dir Zeit lassen. Du musst nicht sofort ein völlig bedingungsloser Mensch werden. Mach es in deinem Tempo. Aber: Mach es!

Ver-gib dich frei! So haben alte Rachemuster kaum eine Chance, noch an dir kleben zu bleiben.

DAS
NONPLUSULTRA-ADD-ON:
DANKBARKEIT

Vielleicht bist du an diesem Punkt noch nicht ganz befriedigt. Du denkst dir: »Na, das ist ja alles schön und gut. Aber ich weiß immer noch nicht, wie ich wirklich glücklich werden kann.« Deshalb möchte ich dir zum Abschluss gerne zwei Dinge empfehlen: dir die richtigen Fragen zu stellen und die Fähigkeit zu entwickeln, dankbar zu sein.

So wird es dir enorm helfen, wenn du dir die folgenden Fragen stellst:

› »Was verspreche ich mir von meiner ungeliebten Situation?«
› »Was muss ich nicht tun, weil mein Leben ist, wie es ist?«
› »Auf wen bin ich mit Genuss wütend?«
› »Wann/unter welchen Umständen befriedigt es mich, andere leiden zu sehen?«
› »Wer hat meiner Meinung nach seine Misere verdient?«

(Und diese Fragen kannst du ruhig auch global betrachten, also auch in weltpolitischer Hinsicht etwa.)[7]

Es sind Fragen, die du dir vermutlich so noch nie gestellt hast. Dabei sind es Fragen, die dich wirklich weiterbringen können. Wenn du sie ernst meinst, wenn du wirklich eine Antwort auf sie finden willst. Gerade bei den ersten beiden Fragen tun sich viele Menschen sehr schwer. Sie glauben, dass ihre Situation einfach nur furchtbar ist und dass sie sich auf keinen Fall in ihr befinden wollen. Meine Erfahrung zeigt: Das ist nicht wahr. Wenn es sich wirklich um einen schweren Schicksalsschlag handelt, so gelingt es Menschen immer wieder, sich daraus zu befreien und später zu erkennen, was diese Situation für sie und/oder andere Gutes gebracht hat. Und sei es auch nur, weil der Mensch, der sich aus seinem inneren Elend befreit hat, anderen einen Weg aufzeigen kann, es ihm gleichzutun. Jeder Mensch, der sich aus der Matrix der Beurteilung und Verurteilung befreit, kann ein Leuchtturm für andere werden.

Was mich ebenfalls wirklich glücklich machen kann, ist die Fähigkeit, dankbar zu sein. Was mich betrifft, so bin ich hier und jetzt, gerade für sehr vieles dankbar. Ich sitze an meinem Schreibtisch, und ich arbeite. Sonntagnachmittag um 17:00 Uhr. Die meisten

---

7 Wie heilsam und befreiend die richtigen Fragen sein können, erfährst du auch in »Frag dich frei!«, erschienen im Schirner Verlag.

Menschen unserer Gesellschaft werden sich jetzt fragen, wie man in so einem Moment dankbar sein kann. Ihnen graust es eher davor, dass morgen wieder Montag ist und sie wieder zur Arbeit müssen. Jetzt denkst du vielleicht, ich möchte dir erzählen, dass ich meine Arbeit so liebe, dass ich sie auch am Sonntag gerne tue. Das stimmt zum Teil. Aber auch mich lockt der Sonnenschein draußen. Dass ich dieses Buch gerade fertig schreibe, hat auch etwas mit Disziplin zu tun. Dinge, wofür ich jetzt aber sehr dankbar bin, sind:

Der gelbe Raps auf den Feldern, der meine Augen zum Strahlen bringt, wenn ich aus dem Fenster sehe. Dass ich das Fenster öffnen kann und den Luftzug auf meiner Haut spüre und es warm genug ist, um das zu genießen. Ich bin heute gesund. Ich habe genügend Wasser im Haus. Als ich vorhin geduscht habe, kam warmes Wasser aus der Leitung. Unbegrenzt. Ich habe Kleidung, und ich habe Essen. Ich habe genug Geld, um bei Lebensmitteln wählerisch zu sein. Ich habe Freunde. Ich habe die Arbeitsgeräte, die ich brauche: einen Laptop, ein Smartphone, einen Internetanschluss. Die Vögel zwitschern. Mein Buch ist bald fertig. Ich kann meine Eltern noch umarmen. Das schöne Zimmer, in dem ich gerade sitze. Ich lebe in einem Land, in dem Frieden herrscht. Das bedeutet unter anderem, dass ich, wenn es knallt, nachsehe, wo ein Feuerwerk ist, anstatt mich vor lauter Angst zu verstecken. Ich habe viel Ruhe, weil ich weiß, dass ich, wenn ich einen

Arzt bräuchte, mich jederzeit an einen wenden könnte. Und weil ich weiß, dass das auch für die Menschen gilt, die ich liebe. Ich liebe Wolken. In ein paar Stunden gibt es einen wunderschönen Sonnenuntergang. Ich mag das Handtuch in meinem Bad, es ist so schön flauschig. Ich bin froh, dass ich fast immer einen Grund finde zu lachen. Denn Lachen ist wirklich Medizin. Lachen hilft, die Dinge nicht so ernst zu nehmen, wie das Ego sie uns verkaufen will. Ich bin dankbar dafür, ich selbst zu sein. Und mit jedem Tag mehr zu verstehen, dass ich einzigartig bin. Und gleichzeitig eigentlich gar nicht zu existieren, zumindest nicht als »ich«, so wie wir unsere Persönlichkeit verstehen. Die Schere auf meinem Schreibtisch, ich mag sie. Mit ihr kann man gut schneiden. Ich bin dankbar für die Tatsache, dass ich ein ganzes Buch darüber schreiben könnte, wofür ich dankbar bin.

Was hat das alles nun Rachemustern zu tun?

Ganz einfach: Ich habe nämlich noch etwas in meinem Leben erfahren: Eine Möglichkeit, um glücklicher zu werden, ist, das aufzulösen, was einem dabei im Weg steht. Eine andere Möglichkeit ist, die eigene Glücksfrequenz so anzuheben, dass andere Dinge nicht mehr anhaften können. Auch das habe ich schon erlebt. Dass ich in einem Moment so glücklich war, dass sich bestimmte Geschichten nicht mehr an mir festklammern konnten. Ja, auch das ist damit gemeint, wenn ich sage:

Rachegefühle und Glücksgefühle können nicht koexistieren.

Wenn du deine Glücksfrequenz so sehr anhebst, dass du so hoch steigst, dass du alles andere hinter dir lässt, dann haben deine Rachegefühle keine Chance mehr. Sie müssen sich von dir lösen. Du wirst mit anderen Augen auf deine Geschichte blicken. Milder. Nachsichtiger. Aus einem anderen Blickwinkel. Du wirst verstehen, mehr und mehr, was es bedeutet, Mensch zu sein. Denn Mensch zu sein, das bedeutet nicht, niedere Rachegefühle als menschlich anzusehen. Mensch zu sein bedeutet, vergeben zu lernen. Mensch zu sein bedeutet, dankbar zu sein für das, was man hat. Mensch zu sein bedeutet, zu teilen. Mensch zu sein heißt, das zu sein, was man als göttlich betrachtet.

Ich wünsche dir aus tiefstem Herzen, dass es dir gelingt, dein Bewusstsein zu schärfen. Ich wünsche mir aus tiefstem Herzen, dass dir dieses Buch dabei helfen kann. Denn du hast es verdient, glücklich zu sein. Du hast es auch verdient, zu erleben, wie es sich anfühlt, dazu beizutragen, andere glücklich zu machen. Du hast es zutiefst verdient, zu erleben, wie es sich anfühlt, alte Rachegefühle hinter sich zu lassen, um so einen neuen Weg zu beschreiten.

Fang an zu leben, Mensch!
Fang an zu lieben, Mensch!
Fang bei dir an!
Und werde dann zum schönsten Virus, das es gibt!
Werde zum Virus
für Herzensvergebung, Glück und Frieden!
Und du wirst erleben, dass das keinen anderen Menschen
so glücklich macht wie dich selbst.

Mögest du glücklich sein!
Mögest du frei sein von Leid!
Mögest du ein Herz haben voller Liebe und Mitgefühl!
Mögest du frei sein und dich sicher fühlen!

Und am Ende wird stehen:

Alles (ist) Liebe.

Danke dafür, dass du diese Worte, dieses Buch in deinen Kopf
und vielleicht auch in dein Herz gelassen hast. Möge es dir
und vielen anderen ein Wegweiser heraus aus der Rachefalle
und damit hinein in die Kraft der Vergebung, in die Liebe und
in dein Glück sein!

Deine Silvia Maria Engl

ÜBER DIE AUTORIN

Silvia Maria Engl ist eine Reisende, im Innen wie im Außen. Sie liebt es, die Welt zu erkunden und Menschen zu begegnen. Gleichzeitig sind ihr der gelegentliche Rückzug und ein bewusstes Alleinsein sehr wichtig.

Die Autorin lebt ihre eigene Spiritualität. Das Wichtigste hierbei ist für sie, dass ein Mensch sein eigenes Leben lebt, sich mit sich selbst wohlfühlt und sich und seiner Kraft und Macht vertraut. Wer an diesem Punkt angelangt ist, so die Botschafterin für Lebensfreude, wird feststellen, dass genau das Spiritualität ausmacht. Alles andere sind mögliche Hilfsmittel auf unserer Reise zu uns selbst.

Die Intuitionstrainerin und begeisterte Vortragsrednerin freut sich über jeden Menschen, der sich selbst näherkommt und dabei glücklicher wird. Denn es kann, wie sie sagt, »gar nicht zu viele glückliche Menschen auf diesem Planeten geben!« Menschen dabei einen Weg weisen zu können, erfüllt sie mit großer Freude.

Man kann Silvia Maria Engl persönlich auf Messen, Workshops, Seminaren und auch im Internet begegnen. Näheres zu ihr und ihren Angeboten unter:

www.silvia-maria-engl.com

BILDNACHWEIS

DAS **LEBEN** SELBSTBEWUSST GESTALTEN

Schirner Verlag

Verändere dein Leben!
Mit zielführenden Fragen und
bewussten Entscheidungen endlich
selbstbestimmt leben

176 Seiten
ISBN 978-3-8434-1237-7

Du bist wirklich ein Engel!
77 Wahrheiten über dich, die das beweisen

136 Seiten
ISBN 978-3-8434-1238-4

Frag dich frei!
Wie du dich mit den richtigen Fragen
aus alten Blockaden befreist

96 Seiten
ISBN 978-3-8434-5136-9

Mit aller Macht Entscheidungen treffen
Wie du bewusst und vertrauensvoll
dein Leben verändern kannst

96 Seiten
ISBN 978-3-8434-5135-2

Einsam war gestern
Impulse für deine Rückkehr
in die Gemeinsamkeit

96 Seiten
ISBN 978-3-8434-5130-7

Du weißt es doch schon!
Intuition – Über den Verstand hinaus
Mit praktischen Übungen für jeden Tag

96 Seiten
ISBN 978-3-8434-5113-0

Schluss mit den Zweifeln!
Mit deinem Wahrheitspunkt einfach
klare Antworten finden

96 Seiten
ISBN 978-3-8434-5119-2

Schluss mit den Zweifeln!
Entdecke deinen Wahrheitspunkt
und deine Intuition
Geführte Übungen und Meditationen

CD, ca. 48 Min.
ISBN 978-3-8434-8313-1

Mein spirituelles Ego und ich
Hältst du dich für spirituell
oder bist du es schon?
Ein Aufrüttelbuch

160 Seiten
ISBN 978-3-8434-1210-0

Meine 26 Egos und ich
Ein Wegweiser zu mehr Lebensfreude
und Selbstverwirklichung

304 Seiten
ISBN 978-3-8434-1161-5

Meine 26 Egos und ich
Bewusstwerdung – Übungen –
Geführte Meditationen

CD, ca. 47 Min.
ISBN 978-3-8434-8306-3